JN043789

ゴリラ部長が
教えてくれた

統計の超入門

表 孝憲

技術評論社

統計を使えるように
なるために

◎ 統計との出会い

この本を手にとっていただき、ありがとうございます。

私は現在、株式会社ミツカリというHRTechの会社を経営しながら日々自社やお客様の人事データと格闘しております。性格データを取得する適性検査ツールを開発し、人事部を中心とした企業のお客さまがどのように分析を行うかをサポートする仕事をしています。そう言うと、「理系ですか？」とか「大学時代は分析は学ばれていたんですか？」と聞かれることも多いです。しかしながら大学の学部は法学部、しかも卒業までほぼエクセルなど触ったこともない、ゴリゴリの体育会出身でした。

一番最初に入った外資系の証券会社には、債券を扱う部門採用で入社しました。そこでは新人は金利の計算を行うのがスタートなのですが、エクセルでどうやって階乗の計算をするのかもわからず、1.03*1.03*1.03*......と数式を書いて、同期に笑われるを通り越して唖然とされたことを覚えています。

それでもやらないとクビになるという切迫感もあり、エクセルの数式を深夜まで作り（質より量！）、なんとか曖昧な理解ながらも計算できるようになっていきました。それでも、統計を理解して使っているというよりは、なんとか食らいついているというような状態でした。

その後、一念発起し留学したビジネススクール（いわゆるMBA）で、一番最初のセメスター（学期のようなもの）で受けた統計の講義の1つのスライドが、私の人生に大きな影響を与えました。それはカジノのディーラーが八百長をしているかどうかを統計的に分析してみようという題材でした。いつも勝率のよいディーラーがここ30日間は負けることが多くなり、しかも彼の父親が病気だとい

うことがわかる、といったストーリー仕立ての展開。その講義を受けるまでは、なんとなくわかったようなわからないような状態だった統計でしたが、カジノのディーラーの八百長確率を分析する！？　という題材が妙に面白く、講義にのめり込みました。留学先からラスベガスも近く、実際のカジノにも行ったことがある手触り感も影響していたと思います。

その後、統計への興味から、いくつかのより高度な統計ソフトを使ったデータ分析の講義も受講しました。統計ってめちゃくちゃ難解で、しかも現実にどう使っていいのかわからないというものだったのが、カジノという身近な題材で学ぶことで、いろいろなところに使えて、なによりすごく面白いものだということがわかりました。そして面白いから忘れない、さらには少しできるようになると嬉しくなってもっと学びたくなり、という好循環が生まれました。

今では実務でも使う機会が増え、人事のお客様が統計の知識をつけたいとおっしゃっていることが多く、それならばと講義を作り、あれよあれよというまに延べ1500名以上の方に講義を行うまでになり、ついには本まで出版することになりました。本当に、人生なにが起こるかわからないなと感じています。

◎ 統計学習で大切なこと
エクセルを開いたこともなければ、正規分布表にオバQの落書きをするような統計劣等生だった私が考える、統計学習で大切なポイントは3つあります。

① 身近な事例で考えること
② 実際に計算を行うこと
③ 公式の意味を考えること

1つ目の「身近な事例で考えること」について。

私はカジノの事例で、統計の具体的な利用法に興味が沸きました。とっつきやすい題材で、実際に使えるところをイメージできるようになる。これはすごく大切です。本書では、新たに配属された山田君が人事のデータを使って分析する、という内容にしています。人事の方はもちろん、応募者として面接を受けられた方も多いと思います。その中でどんなことができるかを感じてほしいです。

2つ目の「実際に計算を行うこと」について。

　統計は、概念だけ学んでも実際に手を動かさないと身につきません。計算を何回も繰り返すことで、忘れにくくなっていきます。世の中にはデータをまとめた結果なども多く出回っていますが、自分で計算をしてみる癖をつけるのは、誰かにとって都合のよいデータに騙されないようになるためにも有効です。とにかく手を動かしてデータの整理をしてみること、そして計算をしてみることが大事です。本書では、エクセルのサンプルファイルをダウンロードしていただき、たくさんの演習をやっていただくことを前提としています。エクセルの画面のスクリーンショットもつけています。

　3つ目の「公式の意味を考えること」について。

　統計の学習で出てくる公式は、たとえ覚えていなくても、エクセルの関数を使えば計算してくれます。ただ、公式の中身を覚えることで「結局どういうことをしているのか？」を知ることができます。そこさえ覚えておけば、たとえやり方を忘れてしまっても、「何をしているのか」から逆算して「どういう計算をするべきか」を考えることができるようになります。公式は一般化されたものが多く、記号などが多くてとっつきにいくいものです。それでも、なぜそんな計算をしているのか？　を知ることで、理解が深まり記憶に残ります。

　この3つを意識して、本書は作られています。具体的なイメージを持って勉強し、自分で計算をして、なぜこんな計算をしているのかを考えることで、明日から使える≒記憶に定着しやすい内容を目指しています。

◎ ビジネスの現場で役に立つ統計的思考

　それでは、統計的な思考を身に付けることで、どんなことができるようになるのでしょうか？　大きなメリットは、何かを決める時の判断材料になるということです。例えば統計的思考がわかるようになると、なんとなく多いとか少ないとか、なんとなく成功しそうだとか失敗しそうだといった「なんとなく」を、「何%」という数値に変えることができるようになります。

例えば本書のような人事の場合、応募者さんがなんとなく営業として成功しそうだとか失敗しそうだといった要素を数値化したり、なんとなく会社を辞めそうだといった感覚を数値化したりすることができます。また営業の場合であれば、どのような特徴のあるお客様が買ってくれやすいかを数値化したり、マネージャーの場合であれば、自分のチームが売上目標を達成できる可能性は何％程度なのかを数値化したりできます。　それ以外にも、経理の場合なら必要な経費が平均いくらで、この水準以上までは5％以下の確率でしか行かないだろう、などと数値化したりできるのです。

　もちろん、これらは過去のデータを参考にしているため、過去の延長線上でしかわからないという欠点があるのは事実です。ですが、こうした批判を聞くと、分析結果のすべてが正しい結果につながるわけではないものの、存在している過去のデータを参考にしないのはすごくもったいないのではないかと思います。

　また、昨今ニュースで耳にしないことはない人工知能（AI）の基礎にも統計が関わっており、統計的思考の基礎を理解することは、そういったトレンドの理解にもつながります。

◎ この本の流れと到達点

　本書は、山田君と部長という2人の登場人物を中心に展開されます。そして、部長の優しいけれど自分で考えさせられる指導によって、山田君が統計の面白さにはまっていきます。また、データを整理する記述統計、手元にあるデータから未知のことを推測する推測統計、そしてその結果をモデルにしていく実運用を理解するという流れで進んでいきます。

　最終的に本書を読み終わった段階で、手元のデータから未知のことを予測する回帰モデルを作り、そのモデルの予測精度がどれくらいか評価できるようになるまでを目指します。

　なるべく統計用語を使わずに、大枠をつかめ、そして学ぶきっかけをつかめることを意図して書いております。それでは、一緒に学んでいきましょう！

第 1 章

標準偏差

売上平均が同じでも実態は違う
データの散らばりを調べよう！

第 2 章

正規分布

過去のデータから
将来の売上を予測しよう！

第 **3** 章

相 関

売上を上げているのは
どんな要素を持った人？

第 **4** 章

散布図

入社時面接の点数と売上の
関係を図にして理解しよう！

第 **5** 章

回帰分析

将来の売上予測にもっとも影響を与える要因を探せ！

サンプルファイルのダウンロードについて

本書の解説で使用しているエクセルのサンプルファイルを、下記のWebページよりダウンロードできます。ブラウザーにURLを入力し、サンプルファイルのリンクをクリックしてください。ダウンロード後のファイルは圧縮されているため、解凍した上でご利用ください。

URL https://gihyo.jp/book/2021/978-4-297-12485-4/support

【免責】

本書に記載された内容は、情報の提供のみを目的としています。したがって、本書を用いた運用は、必ずお客様自身の責任と判断によって行ってください。これらの情報の運用の結果、いかなる障害が発生しても、技術評論社および著者はいかなる責任も負いません。

本書記載の情報は、2021年10月現在のものを掲載しております。ご利用時には、変更されている可能性があります。OSやソフトウェアなどはバージョンアップされる場合があり、本書での説明とは機能内容や画面図などが異なってしまうこともあり得ます。OSやソフトウェア等のバージョンが異なることを理由とする、本書の返本、交換および返金には応じられませんので、あらかじめご了承ください。

また、本書で使用されている例はすべて架空のものであり、実在の人物・企業・団体とは一切関係がありません。

以上の注意事項をご承諾いただいた上で、本書をご利用願います。これらの注意事項に関わる理由に基づく、返金、返本を含む、あらゆる対処を、技術評論社および著者は行いません。あらかじめ、ご承知おきください。

■ 本書に掲載した会社名、プログラム名、システム名などは、米国およびその他の国における登録商標または商標です。なお、本文に™マーク、®マークは明記しておりません。

山田君

IT系企業に新設されたデータ分析チームに配属された、1年目の社員。不器用ではあるが、自分で考えてコツコツと挑戦することは得意。好きな言葉は「人間万事塞翁が馬」。

ゴリラ部長

山田君の上司。部下を育てることに情熱を持つ。昔はゴリゴリの体育会系だったが、伝わりやすい、そして自分でできるようになるコミュニケーションを心がけている。ラーメンやハンバーガーなど、B級グルメの大ファンで趣味は食べ歩き。

第 **1** 章

標準偏差

売上平均が同じでも
実態は違う
データの散らばりを
調べよう！

は じ め に

　新設されたデータ分析チームに配属された山田君。その辞令を見た時は驚きました。なぜなら大学時代は部活に4年間熱中。勉強はまじめに取り組まず、統計はもちろん、エクセルすらほとんど使ったことがなかったからです。それなのになぜデータ分析！？　新卒採用の最終面接を担当してくれたゴリラ部長の他は、自分を含め3名の小さなチーム。新設のチームだけど、データ分析とか統計って、ネットや新聞などでも見ない日はない言葉だから、期待されているチームなのではないかな。そんな期待と不安が入り混じる中、最初のMTGを迎えます。

contents

第1章　標準偏差

売上平均が同じでも実態は違う　データの散らばりを調べよう！

問題❶　社長が収益目標をぶらしたくないと言ったら、仕事を任せるべきは第一営業部、第二営業部どちら？

問題❷　社長が今年は第二営業部に仕事を任せるべきだ！　と言ったら、それはなぜ？

次につながる質問

部長はこう言いました「ところで、その意見って10人のデータを参考にしただけだけど、いったいどれくらい正しいのか？」

はじめまして

みなさん、今日からよろしく！ 最近ネットニュースやテレビで「データ」や「統計」という言葉を見ない日はないよね。社内にある宝物のデータを分析して意味合いを見つけて、弊社の問題を解決するということが我々のチームのミッションになります。頑張りましょう。そして、今期もっとも取り組みたい問いがこちら。

そう言うと、ゴリラ部長はホワイトボードに次の文字を書いた。

「活躍する営業は採用時にどんな要素を持っているか？ を可視化する！」

「具体的なゴール：面接終了後にわかっているデータ（例：面接の点数、適性検査のスコア、起業経験の有無など）から、なるべく活躍する可能性が高い人を採用する意思決定に役立つモデルを作る」

弊社の競争力の源泉は、優秀な営業パーソンを多く採用し営業組織のレベルを上げること。もちろん、時代の変化によって求められるスキルは変わっていく。けれども役員陣と検討した結果、

活躍する営業の要素を定義して、採用の段階からそういった人を見抜く

ということが、分析チームが全社の売上に貢献できる期待値が一番高そうだという結論になりました。そのために、まずはみんなに分析に慣れてもらい、その後、ゴールを目指して実際の分析を進めていってもらいたい。それでは、新しく配属されたみなさん、自己紹介をお願いします。

（何人かの自己紹介のあと山田君の番が来る）

山田と申します！　大学時代はサッカーばかりの4年間を過ごしており、正直データ分析どころか統計すら挫折した経験があります。ただ、試合のデータから相手にどうやって勝つかを考えたり、コツコツとトレーニングを積むことで能力を改善してきた経験を生かして、一生懸命がんばりたいと思います。どうかよろしくお願いいたします！

（みんなから拍手）

よろしく！

データ分析で一番大切なこと

ところで山田君。早速だけど、エクセルの基本的な操作は学んできたかな？

はい。とはいっても内定者研修での事前課題+αでやってきた、合計や平均を計算するという程度ですが…。

それで十分。それでは、最初の仕事をお願いするね。第一営業部と第二営業部、全体では50名ずついるチームだが、ここに、それぞれから抽出してきた10名ずつの売上データがある。これらのデータがどうなっているか、気になる点を教えてほしい。

わかりました。

えーっと、わかったと言っているけど、具体的にどんなことをすればいいかイメージできてる？

 えっ。

 山田君。データ分析では、やるべきことを明確にしないで分析を開始すると、時間をすごく浪費することになる。

 はい。

 まだ始めたばかりなので難しいと思うけど、このあたりの心構えに関して少し話をします。まずデータ分析において私がもっとも大切だと思っていることを伝えたいんだけど、ちなみになんだと思う？

 えっと。うーんと（こういう時の部長、まじゴリラっぽくて威圧感すごいな）。データ分析なので、数字のセンスとかですかね？

 いや、分析にセンスなんていらない。大事なのは明確な目的。

も、く、て、き？

そう。データ分析をする時には、目的を明確にすることが重要なんだ。データ分析を開始してたくさんデータに触れていると、こんなこともわかる、あんなこともわかると面白くなり、無闇に時間が過ぎてしまうことがよくある。私も始めたての頃はこれによくハマって、翌朝まで分析して、面白かったけど結局なにも進んでいなかったということがよくあった。データ分析をする時は、何を目的にして、そのためにどんなデータが出ればいいのか、ポストイットに書いてPCに貼り付けておくとよいよ。先ほど山田君が簡単に「わかりました」と言ったのでちょっと注意が必要かなと思って聞いてみたけど、目的の整理や、分析でやるべきことが言語化できていなかったよね。

その通りです。

そんなにシュンとならなくて大丈夫。毎回データ分析を始める人には同じように接していて、いつも同じような反応になるから。正直な話、私はもっとひどかった。具体的に次のアクションがイメージできていない場合は、まず考えて、順序を言語化してみる。そして難しかったら聞くようにしてください。

ありがとうございます。それで今回の分析の目的は？

今回は、山田君にチームの作業に慣れてもらうことが第一。それから、第一営業部と第二営業部のどちらがいいチームなのかを数量的に明らかにできたら嬉しいな。あと、最初のうちは次の作業や方法がわからなくなったら30分程度自分で考え、検索などで調べても行き詰まったら早めに報告してください。

わかりました！

山田君は、メモにしっかりとこう書いた。

- データ分析をする時は目的をしっかり意識する（できればポストイットやメモに書いて、分析中はPCの画面隅に貼っておく）
- 今回のデータ分析の目的
  1) 今のチームの仕事に慣れること
  2) 第一営業部と第二営業部のどちらがいいチームなのかを数量的に明らかにすること

（席に戻ると、部長からエクセルのデータが送られてきていた）

よし、それじゃあ最初に目的を考えよう。部長は仕事に慣れろと言っていたので、まずは「自分で分析→部長にチェックしてもらう→フィードバックをもらう→追加で分析する」という一通りのサイクルを回してみるのがよさそうかな。どうせ完璧にはできないだろうし、なるべく早くやってみて、部長の意見を早めにもらうことを心がけよう。あとは「いいチーム」の定義が難しいな…。ちょっとよくわからないから、まずはデータを見てみよう。

（そこにはそれぞれの営業の名前と売上だけが入っていた）

	A	B	C	D	K
1	(万円)	相川	飯田	上村	近藤
2	第一営業部売上（年間）	1200	1500		1800
3					
4					
5					
6	(万円)	佐々木	志村	須藤	戸口
7	第二営業部売上（年間）	1900	3600		3700
8					
9					

データとしてあるのは売上だけか…。ということはいったん

- **売上が高い営業さん=活躍している**
- **売上が高いチーム=いいチーム**

と定義して考えてみよう。まずはエクセルで、第一営業部の売上
のデータを合計していこう。sum関数を使って…。

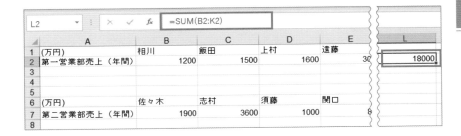

L2		× ✓ fx	=SUM(B2:K2)			
⬚	A	B	C	D	E	L
1	(万円)	相川	飯田	上村	遠藤	
2	第一営業部売上（年間）	1200	1500	1600	30	18000
3						
4						
5						
6	(万円)	佐々木	志村	須藤	関口	
7	第二営業部売上（年間）	1900	3600	1000	8	
8						

> **エクセル関数**
>
> **sum関数**
>
> 複数のセルの合計を計算する際に、1つ1つのセルを足していってもよいのですが、sum（始まりのセル：終わりのセル）で選択すると一気にその範囲の合計値を出してくれます。またsum（）のかっこの中を「,」でつなげば、1つずつのセルを足していくことも可能です。

次は、売上の平均を出してみよう。このプロセスをまとめてできるのがaverage関数だよな。よし！　では平均の計算を関数を使ってやってみよう。

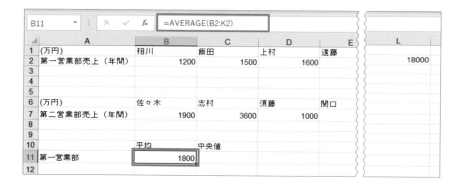

average関数

average（始まりのセル：終わりのセル）で選択すると、一気にその範囲の平均値を出してくれます。またaverage（ ）のかっこの中を「,」でつなげば、1つずつ選択したセルの平均を計算することも可能です。

同様に、第二営業部の売上の合計と平均を計算してみよう。

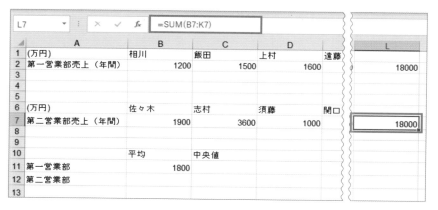

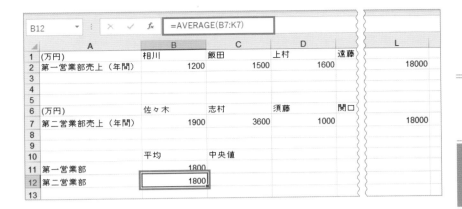

	A	B	C	D		L
1	(万円)	相川	飯田	上村	遠藤	
2	第一営業部売上（年間）	1200	1500	1600		18000
3						
4						
5						
6	(万円)	佐々木	志村	須藤	関口	
7	第二営業部売上（年間）	1900	3600	1000		18000
8						
9						
10		平均	中央値			
11	第一営業部	1800				
12	第二営業部	1800				
13						

B12 ｜ fx =AVERAGE(B7:K7)

なるほど。売上の合計や平均は第一営業部、第二営業部で同じになるんだな。

ってことは、どちらのチームも優劣がつけられない、ということになるのだろうか。けどなんかデータの中身を見ると志村さんとかが稼いでいるように見える特徴があるし。

（10分経過）

うーん。悩んでいても仕方がない。部長に報告しよう！

失礼します、部長。第一営業部と第二営業部の分析の件ですが、どちらも同じようにいいチームだと思いました。理由は、売上の平均が同じだからです。

それで？

それで？　えーと、うーんと。まず「いいチーム」の定義は難しいのですが、今回は売上のデータしかなかったので、いったん売上の高いチームを「いいチーム」と定義しました。

確かに、「いいチーム」の定義はそもそも何か？　を決めないと進まないね。売上が高いチームを「いいチーム」としたのは、よいと思います。で？

（部長の圧がすごいな）えーっと、とはいえ第一営業部と第二営業部では一番稼いでいる人が違ったりして。

ゴリラ部長の目がキラリと光る

ふむふむ。それってどういうこと？

そういえば、学校でデータを扱う時に平均はよく取ったのですが、なんかそれだけだと完璧じゃないというか。今回も第一営業部と第二営業部で平均は同じでどちらもいいチームなのかもしれないですが、個人として成績のいい人が多いのはどちらか？　とかがわからないというか。

いい視点だね。分析とか統計と言うと、まずは平均が出てくる。そして平均はとても大事な統計指標です。ただ、それだけじゃ山田君が今感じたように足りなくて、例えば5人全員が50点のテストと、5人が0点、30点、60点、70点、90点のテストとでは、意味が違うよね。今度はエクセルで中央値、偏差、分散、標準偏差を調べてみて報告してもらえる？

は、えっと…確認のためもう1回言っていただいていいですか？

（こいつ絶対わからなかったな）もちろんいいよ。第一、第二営業部の中央値、偏差、分散、標準偏差を調べてほしい。

● 統計とは？ ●

ここからは、ゴリラ部長から少しお話させていただきます。

統計の定義を調べると、「集団の性質や傾向を数量的に明らかにすること」が統計であるという記述を見つけることができます。例えば手持ちの買い物のデータ（集団）があったとします。その平均が100円だったことがわかると、データの傾向が数量的に明らかになってきますよね。このように、単なる数値の集まりである集団（＝データ）の持っている傾向や性質を数値によって理解できる形にしていくことが、統計の定義になります。

● 平均とは？

次に、平均とはなんでしょうか？　私の対面での講義で同じ質問をすると、答えられる人は10人に3人くらいの割合です。それでも

1, 2, 3, 4, 5

の平均は何か？　と聞くと、ほぼ100％みなさんお答えいただけます。

平均は3

ですよね。このように統計は定義も重要ですが、具体的な数値で計算できることが大事です。ちなみに平均の簡単な定義は

データの合計をデータの数で割ったもの

と言えると思います。上記の例ではデータの合計は1＋2＋3＋4＋5で15、それをデータの数5で割った3が平均になります。

◉ 中央値とは？

次に、中央値の定義です。対面の講義では、中央値の定義をお聞きして答えられるケースは平均よりも減り、20%程度の方がお答えいただけます。ただ

1, 2, 3, 4, 5

の中央値は？　と聞くと、みなさんお答えいただけるんですよね。なんとなく3だと思った方！　正解です。ちなみに中央値の定義は

データを大きい順ないし小さい順に並べた時に真ん中にくるもの

になります。この場合、データは小さい1から大きい5の順に並んでいるため真ん中の3が中央値になります。

それでは、

1, 2, 3, 4, 5, 6

の中央値はなんでしょうか？　あれ？　真ん中の数がなくなりましたね。データの数が奇数の場合は真ん中の数が存在しますが、データの数が偶数の場合は真ん中の数は存在しません。偶数の場合は、データを大きい順か小さい順に並べた時の真ん中の2つの値の平均をとるのが、中央値を出す際のルールです。この例の場合は、3と4の平均の3.5が中央値となります。

◉ 平均と中央値は何が違うの？

もしかしたら「あれ？」と思った方はいらっしゃらないでしょうか？実は1, 2, 3, 4, 5のデータの平均と中央値は、どちらも3。1, 2, 3, 4, 5, 6のデータの平均と中央値はどちらも3.5なのです。平均と中央値が同じ結果になるなら、なぜ統計指標として平均と中央値が存在するのでしょ

うか？　不思議ですよね。

実は、1, 2, 3, 4, 5, 6のように差が均等（等差）など、特定の条件を満たす時にデータの平均と中央値が同じになるだけで、多くの場合は異なる値になります。
平均と中央値の差がとりわけ大きくなるのが、飛び抜けた値がある時です。ちょっと大げさな例ですが、

$$1, 2, 3, 4, 100000$$

というデータがあったとしましょう。この時平均は

$$100010/5 = 20002$$

中央値は

$$3$$

になります。
このように飛び抜けた値がある時は、平均と中央値の乖離が大きくなります（こうした飛び抜けた値を外れ値と言ったりします）。
上記の特性を理解した上で、分析の目的に合わせて平均と中央値を使い分けてくださいね。

● 偏差とは？

次に、偏差です。偏差は「偏った差」と書きますが、「差なので引き算をする」と考えると覚えやすいです。ではどうやって引き算をするかと言うと、それぞれのデータの値からデータ全体の平均の値を引いたものが偏差になります。つまり、平均からどれくらい偏っているかを表したものが偏差ということです。

例えば

$$1, 2, 3, 4, 5$$

のデータの例をとると、平均は3なので偏差はそれぞれ

$$1 - 3 = -2$$
$$2 - 3 = -1$$
$$3 - 3 = 0$$
$$4 - 3 = 1$$
$$5 - 3 = 2$$

を計算して

$$-2, -1, 0, 1, 2$$

となります。

平均も中央値も（このあと出てくる分散も標準偏差も）、データの集まり（データセット）に対して1つしか出てきません。データセットに1000億個のデータがあっても平均は1つだけ。偏差は、データの数だけ出てくるという特徴があります。

● 分散とは？

分散とは、散らばりを表す統計指標です。「散らばっている」と言うと、その基準は？　と思う方もいらっしゃると思います。分散の基準は、平均からの散らばりです。分散を出すには、

偏差をそれぞれ2乗して、その平均をとる

という計算をします。

先ほどの1, 2, 3, 4, 5の例で言うと

偏差は　　　−2, −1, 0, 1, 2

その2乗は　4, 1, 0, 1, 4

その平均は　(4 + 1 + 0 + 1 + 4)/5

ということで

分散は2

となります。

● 標準偏差とは？

標準偏差も、データの散らばりを表す統計指標です。計算の仕方は、分散の平方根をとります。平方根とは何かと言うと、2乗するとXになる数を2乗する前の数に戻すことを言います。

1, 2, 3, 4, 5の例ですと、分散は2でしたから、2乗すると2になる数は

$$\sqrt{2} = 1.41431$$

となり、これが標準偏差となります。

売上の平均、中央値、分散、標準偏差を計算しよう

よーし！　まずは中央値を計算していくぞ。大きい数から数えて中央値を見つけることもできるけど、ちょっと面倒だな。エクセルに関数はあるのかな？

 そうか

median

という関数で中央値を計算できるのか。

エクセル関数

median関数

median（始まりのセル：終わりのセル）で選択することで、中央値を出
してくれます。median（）のかっこの中を「,」でつなげば、1つずつ選択
したセルの中央値を計算することも可能です。

C11	▼	:	×	✓	fx	=MEDIAN(B2:K2)		

	A	B	C	D		K
1	（万円）	相川	飯田	上村	遠藤	近藤
2	第一営業部売上（年間）	1200	1500	1600		1800
3						
4						
5						
6	（万円）	佐々木	志村	須藤	関口	戸口
7	第二営業部売上（年間）	1900	3600	1000		3700
8						
9						
10		平均	中央値			
11	第一営業部	1800	1750			
12	第二営業部	1800				
13						

 答えは1750。

一応確認もしてみよう。一番売上が低いのが相川さんと毛塚さん
の1200。その次が飯田さんの1500。次が上村さんの1600。5番
目が北村さんの1700ときて6番目が近藤さんの1800。データセッ
トが今回は10個で偶数なので、真ん中2つの平均をとって（1700
＋1800)/2で1750。合ってるな。同じようにmedianで計算する
と、第二営業部の中央値は1700か。平均と中央値は近いけど、
一致はしていないんだな。

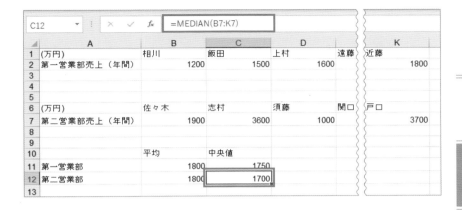

	A	B	C	D		K
	C12		=MEDIAN(B7:K7)			
1	（万円）	相川	飯田	上村	遠藤	近藤
2	第一営業部売上（年間）	1200	1500	1600		1800
3						
4						
5						
6	（万円）	佐々木	志村	須藤	関口	戸口
7	第二営業部売上（年間）	1900	3600	1000		3700
8						
9						
10		平均	中央値			
11	第一営業部	1800	1750			
12	第二営業部	1800	1700			
13						

第
1
章

標
準
偏
差

売
上
平
均
が
同
じ
で
も
実
態
は
違
う
！
デ
ー
タ
の
散
ら
ば
り
を
調
べ
よ
う
！

次に、偏差の計算をしてみよう。偏差は「それぞれのデータから平均を引いたもの」だから、相川さんの偏差は1200−1800で、−600かな。平均はコピー＆ペーストした際に参照セルが動いてしまうので、絶対参照（$をつける）にすると便利だな。やり方は簡単で、WindowsでもMacでも F4 キーを押すとアルファベットと数字の前に$マークがついて、その値が固定される。

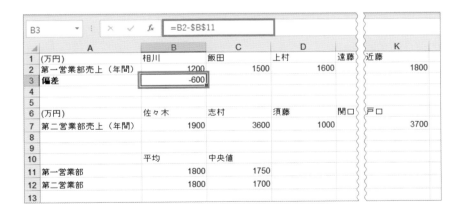

	A	B	C	D		K
	B3		=B2-B11			
1	（万円）	相川	飯田	上村	遠藤	近藤
2	第一営業部売上（年間）	1200	1500	1600		1800
3	偏差	-600				
4						
5						
6	（万円）	佐々木	志村	須藤	関口	戸口
7	第二営業部売上（年間）	1900	3600	1000		3700
8						
9						
10		平均	中央値			
11	第一営業部	1800	1750			
12	第二営業部	1800	1700			
13						

よーし。これで偏差が出たぞ。これをこのままコピー＆ペーストして、最後の近藤さんまで計算しよう。

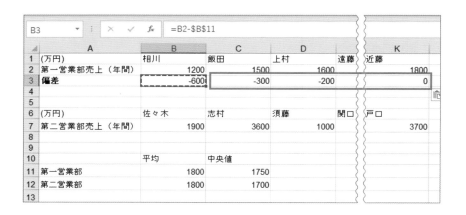

分散は「偏差の2乗の平均をとったもの」だったな。

えーっとエクセルで2乗するのは、確か2つやり方があって

    ① 単純に同じセルを2回掛ける
    ② ^を使って2乗する

があるんだよな。

①のように同じセルの値を掛けるのでもよいし、

①のやり方

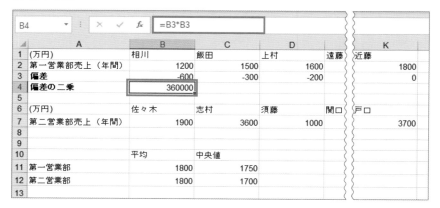

②のように^を使って2乗してもよい。

②のやり方

C4	▼ :	× ✓	fx =C3^2		
	A	B	C	D	K
1	(万円)	相川	飯田	上村	遠藤 近藤
2	第一営業部売上（年間）	1200	1500	1600	1800
3	偏差	-600	-300	-200	0
4	偏差の二乗	360000	90000		
5					
6	(万円)	佐々木	志村	須藤	関口 戸口
7	第二営業部売上（年間）	1900	3600	1000	3700
8					
9					
10		平均	中央値		
11	第一営業部	1800	1750		
12	第二営業部	1800	1700		
13					

全員の「偏差の2乗」を平均すると、分散がでる。

D11	▼ :	× ✓	fx =AVERAGE(B4:K4)		
	A	B	C	D	K
1	(万円)	相川	飯田	上村	遠藤 近藤
2	第一営業部売上（年間）	1200	1500	1600	1800
3	偏差	-600	-300	-200	0
4	偏差の二乗	360000	90000	40000	0
5					
6	(万円)	佐々木	志村	須藤	関口 戸口
7	第二営業部売上（年間）	1900	3600	1000	3700
8					
9					
10		平均	中央値	分散	
11	第一営業部	1800	1750	244000	
12	第二営業部	1800	1700		
13					

最後に、標準偏差は「分散の平方根」をとるんだった。平方根をとるっていうことは、2乗したらその数になる数に戻すということ。例えば4の平方根は2乗したら4になる数ということで、±2がその数になる。標準偏差はばらつきの大きさを表すので、正の値になるはずだ。

エクセルでの計算のやり方はこれも2つあって

① sqrt関数を使う
② ^(1/2)　2分の1乗する

のどちらかで計算できる。

（部長注：ちなみに細かい話ですが、②のやり方を選んだ場合、エクセルで「^1/2」と書くとエクセルは1乗してから2で割る、つまり2で割ったのと同じ結果になってしまいます。1/2に括弧（）をつけるのを忘れないようにしてください）

平方根をとるというのは、別の言い方をすると1/2乗することに等しいんだな。

①のやり方

②のやり方

| E11 | ▼ : × ✓ fx | =D11^(1/2) |

▲	A	B	C	D	E
1	(万円)	相川	飯田	上村	遠藤 大森
2	第一営業部売上（年間）	1200	1500	1600	3000
3	偏差	-600	-300	-200	1200
4	偏差の二乗	360000	90000	40000	1440000
5					
6	(万円)	佐々木	志村	須藤	関口 相田
7	第二営業部売上（年間）	1900	3600	1000	800
8					
9		平均	中央値	分散	標準偏差
10					
11	第一営業部	1800	1750	244000	493.96
12	第二営業部	1800	1700		
13					

よし計算できたぞ！　第一営業部の分散は244000、標準偏差は493.96になった。

9		平均	中央値	分散	標準偏差
10					
11	第一営業部	1800	1750	244000	493.96
12	第二営業部	1800	1700		
13					

第二営業部も同様に計算完了。部長に報告しよう！

▲	A	B	C	D	E
1	(万円)	相川	飯田	上村	遠藤 大森
2	第一営業部売上（年間）	1200	1500	1600	3000
3	偏差	-600	-300	-200	1200
4	偏差の二乗	360000	90000	40000	1440000
5					
6	(万円)	佐々木	志村	須藤	関口 相田
7	第二営業部売上（年間）	1900	3600	1000	800
8	偏差	100	1800	-800	-1000
9	偏差の二乗	10000	3240000	640000	1000000
10		平均	中央値	分散	標準偏差
11	第一営業部	1800	1750	244000	493.96
12	第二営業部	1800	1700	1040000	1019.80
13					

35

分散と標準偏差をより深く理解しよう

部長、計算できました。このエクセルシートを見てください。第一営業部は平均1800、中央値1750、分散244000、標準偏差493.96。第二営業部は平均1800、中央値1700、分散1040000、標準偏差1019.80となりました。平均は同じで、中央値は50異なり、分散と標準偏差にはそれぞれ約80万と約526の差があり、いずれも第二営業部の値が大きかったです。

なるほど。ここまではできるようになったんだね。すばらしい！それで？

それで？　と言いますと？

山田君、大事なことを忘れてないかな？

あ！　そうだ。目的…。

そう、目的。データ分析って、分析を始めるといろいろ発見があって面白いことも多い。そうなると、目的を忘れがちになるんだよ。どちらがいいチームと言えるかな？

なるほどー（ブツブツ言いながら考える山田君）。なんかこう一概には言えないというか。売上の平均は同じで、合計も変わらないけど散らばりが異なる…。

山田君、「散らばり」って言っているけど、そもそも分散ってなんなの？

うっ。そもそもですか！？

それでは、分散の公式って結局何をしているのかということを、図で考えて説明してみてくれるかな？　図に描いて公式の意味を理解しておくと、忘れない知識として定着するからね。例えば1, 2, 3, 4, 5っていうデータセットがあるとしたらどうする？

えっと、まず平均を計算すると3になって、そこから偏差を計算しますね。

そうだね。1, 2, 3, 4, 5のデータセットの偏差を図で書くと、こんなイメージになるのがわかるかな？

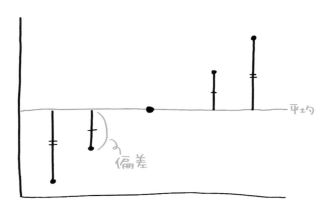

なるほど。それぞれの黒い点が1, 2, 3, 4, 5のデータで、赤い線が平均。そこからの差分が偏差っていう意味ですね。

その通り。そして分散はそれぞれの偏差を2乗して正の値に直してその平均をとっているので、こんなイメージになるよね。

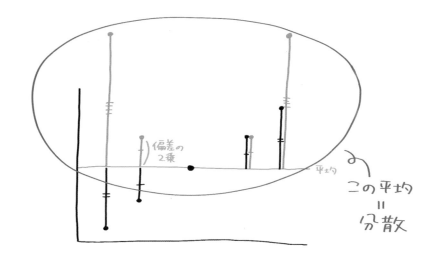

 なるほど、そうか。データ全体の平均からの距離が離れていればいるほど、分散は大きくなる。偏差のままだとマイナスがあったりするので、分散は距離として計算するため、2乗して正の値にしているんですね！　確かに散らばりが大きいデータって、それぞれのデータごとに値が変わるからイメージしづらいけど、平均を基準にどのくらい散らばっているか？　を考えているんですね。

 そう、その通り！

 ところで部長。これって、単純にマイナスをとった絶対値ではダメなんでしょうか？

 いい質問だね。すごく簡単に言うと、「処理が面倒だから」という回答になるかな。絶対値は場合分けという形で整理して計算しないといけないので、なにも考えずに2乗してしまえばよいこちらの処理の方が簡単なケースが多いから、というのが答えになるね。

 ありがとうございます。

山田君、実は標準偏差も分散と同じくデータの散らばりを表す統計指標なんだけど、そもそもなぜ存在するんだと思う？

 （ご、ゴリラ部長のこの「そもそも攻撃」つらいな）えーっと、ちょっと待ってください。

 散らばりを表す統計指標は、2つも必要ないんじゃないかな？

 標準偏差でやっている平方根って、2乗した数を元に戻すという処理だから。分散を計算する時に2乗したので元に戻している的な感じですかね…。

 分散の2乗のプロセスから整理して考えられているのは素晴らしいけど、じゃあなぜそもそも元に戻さないといけないのかな？

 うっ。うーんと。

 少し質問を変えると、平均、中央値、分散、標準偏差の4つの数値の中で、分散だけが仲間外れなんです。その理由はなんでしょうか？

	A	B	C	D	E	
1	(万円)	相川	飯田	上村	遠藤	大森
2	第一営業部売上（年間）	1200	1500	1600	3000	
3	偏差	-600	-300	-200	1200	
4	偏差の二乗	360000	90000	40000	1440000	
5						
6	(万円)	佐々木	志村	須藤	関口	相田
7	第二営業部売上（年間）	1900	3600	1000	800	
8	偏差	100	1800	-800	-1000	
9	偏差の二乗	10000	3240000	640000	1000000	
10		平均	中央値	分散	標準偏差	
11	第一営業部	1800	1750	244000	493.96	
12	第二営業部	1800	1700	1040000	1019.80	
13						

もっと言うと、売上と偏差を含めても、分散だけが仲間外れなんだけど。

分散だけ2乗している値ってことですかね…。何が仲間外れの理由かって言われるとちゃんと説明できないな。

うんうん。いい観点だね。言い方を変えると「単位が違う」んだよね。平均、中央値、標準偏差の単位はここでは「万円」なんだけど、分散は単位が「万円万円」という単位なんだ。だから、例えば平均の売上に対して散らばりがどれくらいなのかの比較がすごくイメージしづらいんだ。散らばりの数値だけを見るのであれば分散でよいけど、例えば平均1800万円に対して2500万円の売上がどれくらいの散らばりと言えるのかを考える際の基準としては、分散は単位が異なって比較できないから使えない。そのために平方根をとって2乗してしまった単位を元に戻した標準偏差が必要になる。

なるほど！　だから散らばりを示すという意味では同じ指標が2つもあるんですね。

その通り。ではここまで話したところで、再度結果を見てみよう。

	A	B	C	D	E
1	（万円）	相川	飯田	上村	遠藤	大森
2	第一営業部売上（年間）	1200	1500	1600	3000	
3	偏差	-600	-300	-200	1200	
4	偏差の二乗	360000	90000	40000	1440000	
5						
6	（万円）	佐々木	志村	須藤	関口	相田
7	第二営業部売上（年間）	1900	3600	1000	800	
8	偏差	100	1800	-800	-1000	
9	偏差の二乗	10000	3240000	640000	1000000	
10		平均	中央値	分散	標準偏差	
11	第一営業部	1800	1750	244000	493.96	
12	第二営業部	1800	1700	1040000	1019.80	
13						

練習問題
分散と標準偏差を意思決定に生かす

今回の分析は、「どちらがいいチームか？」を調べることが目的だったね。実は、どちらがいいチームか悪いチームかは、状況によって変わるんだ。そこで、次の2つの問題に対して答えを教えてほしいです。あっ、次の会議の時間になってしまったから、あとは山田君の方で考えて、答えはメールでもらえるかな。

> 問題❶ 社長が収益目標をぶらしたくないと言ったら、仕事を任せるべきは第一営業部、第二営業部どちら？
>
> 問題❷ 社長が今年は第二営業部に仕事を任せるべきだ！　と言ったら、それはなぜ？

はい！　わかりました。

（自分の机に戻った山田君）

この問題は部長の視点で書かれているんだな。こういう問いに対して、部長はデータを元に社長に提案しているのか…。まず 問題❶ 収益をぶらしたくない時。儲かればいいってもんじゃなくて、特に上場したりすると予測との乖離が大事になるからとにかくブレがない方がいいのか。平均から予測を作るとすると、そこからブレないのは分散や標準偏差の小さな第一営業部ということかな。なのでこのデータからわかることは、売上ベースのブレは第一営業部の方が少ないので、第一営業部に任せるということでよさそうだな。

次に 問題❷ 。このデータから見てわかることは、第二営業部の方が標準偏差が大きいってことか。平均からブレてもよいっていうケースは…。うーんと、儲かっている時とかなのかな。儲かっていればとりあえずゼロでもいいし、大きく儲けを狙うことも考えてもよい。よし、これでいったんメールしてみよう。送信！

（3分後。早速、ゴリラ部長からの返信が届いた。）

お疲れ様山田君。

　問題①はその通りだと思います。問題②は半分正解。もう1つの答えとしては、儲かっているというケースもあるけど、逆に儲かってなさすぎて一か八か勝負する時にばらつきが大きい（大きく儲けた経験がある）第二営業部にかけてみようというパターンもあるかな。

　今回の問題をお願いする中で伝えたかったのは、統計とか分析って、ほとんどが平均を計算して終わりっていうことが多いんだよね。けど平均が同じでも、そのデータの中の散らばりを見ていくことが大事。同じ平均1800万円でも、極端な話、売上0万から5000万円までいるチームと1750万と1850万の相対的に狭い範囲に収まっているチームとでは、全然意味が違う。統計というのは、その平均ありきで、どれくらいの範囲まで、どれくらいの確率で数値が行きうるのか。それを考えていくものです。別の言い方をすれば、95％の確率で0万〜5000万になるチームと1750万から1850万になるチームがあれば、同じ平均1800万でもデータが表す現実はまったく異なることになる。その点を理解してもらえたら嬉しいです。

　で、次に考えてほしいのは、これってそもそも10名のデータを見ただけだけど、第一営業部って50名いるんだよね。だから、本当にその分析って正しいの？　ということです。一部の傾向だけで、全体の傾向を見て取れるのか？

どう思うかな？

確かにそうなんだよな。一部のデータだけ見ても、全体の傾向を掴めてるとは言いづらいけど、参考にならなくもない。さて、どうしたらよいのだろうか？

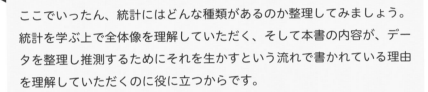

記述統計、推測統計、ベイズ統計

ここでいったん、統計にはどんな種類があるのか整理してみましょう。統計を学ぶ上で全体像を理解していただく、そして本書の内容が、データを整理し推測するためにそれを生かすという流れで書かれている理由を理解していただくのに役に立つからです。

統計には、大きく分けて記述統計、推測統計、ベイズ統計の3種類があります。

記述統計

現在ある数値データを整理して、その意味合いを知ることを目的としたもの。例えばこの地域で穫れた穀物がどれくらいの量だったか、去年と比べて多いのか少ないのか、といった目的でデータの取得を始めるものです。記述統計は、得られたデータからその特徴を抜き出すテクニックのこと（今回計算したように、すでにある第一営業部と第二営業部の売上から平均値などを分析する）。17世紀頃の欧州で、死亡率などの数字を使って分析を行っていたところに起源があるものです。世界史を受講していた人は、資料集の中に羊皮紙にデータがびっしり書かれていたという記憶がある人もいらっしゃるはず。持っている標本データの傾向をわかりやすく把握するための統計と言えるでしょう。

推測統計

統計学と確率分布を使って「調査しきれないほどの大きな対象」や「将来に関すること」の推測を行うものです。調査しきれない理由は、費用です。ちなみに、日本の国勢調査にかけられている予算は720億円。20世紀になって確立された方法論で、「部分から全体を推測する」というのが特徴です。持っているデータ（この後説明していきますが、標本と言います）から全体の傾向（母集団）を推測するものになります。

ベイズ統計

データが不十分でもある事態が発生する確率を分析することが可能で、データの母集団が変化することを前提に行う考え方になります。Googleやマイクロソフトの検索エンジンやアマゾンのリコメンドエンジンなど、いわゆるGAFAM企業がこの統計手法を使っていると言われています。こちらの内容は、基本的には本書では取り扱いません。

第1章まとめ

- ☑ 平均は統計の基本中の基本であり、とてもよく使われかつ非常に大切な統計指標。ただし平均だけを見ているとデータの全体の散らばりを把握できない。
- ☑ 中央値と平均は、外れ値がある時に結果が大きく異なる。
- ☑ 散らばりを表すためには、分散や標準偏差が使われる。
- ☑ 分散と標準偏差の一番の違いは単位。元のデータとの比較でどれくらい散らばっているかの指標には標準偏差を使用する。
- ☑ 平均と分散や標準偏差のセットで見ていくことで、データの実態がよりわかってくる。

第 **2** 章

過去のデータから
将来の売上を
予測しよう！

　部長から第一営業部と第二営業部の売上を分析するよう依頼された山田君。そこで平均を計算してみると、どちらも平均1800万円と出てきました。しかし第一営業部は多くの人が売上1500万円近くだったのに対し、第二営業部は700万円の人から3700万円の人まで、売上が散らばっていました。散らばりの指標である分散と標準偏差を学び、意思決定に生かすやり方も学んだ山田君。そこに、部長からの質問「これってそもそも10名のデータを見ただけだけど、第一営業部って50名いるんだよね。本当にそれって正しいの？　一部の傾向だけで全体の傾向は見て取れるのか？　どう思うかな？」を受けて、山田君は考え始めます。

contents

第2章　正規分布

過去のデータから将来の売上を予測しよう！

問題❶　第一営業部の売上平均は、95.44％の確率でA～B万円の間になる？

問題❷　第一営業部の売上平均は、68.26％の確率でC～D万円の間になる？

問題❸　第一営業部の売上平均が1050万円から2550万円になる可能性は何％？

問題❹　第一営業部の売上平均が3050万円以下になる可能性は何％？

問題❺　次の条件の場合、エンジニアAさんと営業Bさん、どちらを昇進させるべき？

問題❻　1日だけの遅刻と25日の遅刻、どちらが状況は悪い？

問題❼　サンプルサイズが16個の時に標準偏差400万円、平均800万円のデータがあった場合、「X万円以上の売上の数値が出る確率は5％」を満たすXは何？

少ないデータから多数のデータを推測する

入社してすぐにデータ分析のチームに配属された山田君。手元にあるデータに対して、平均や標準偏差などを計算することで整理、可視化するところまでは学んだが、そこで部長から飛んできた質問

「これってそもそも10名のデータを見ただけだけど、第一営業部って50名いるんだよね。本当にその分析って正しいの？　一部の傾向だけで全体の傾向を見て取れるのかな？」

に、頭を悩ませていた。

 確かに50名のデータは10名のデータとは違う。けど、10名の傾向を取れば50名の傾向を推し量ることはできるような気がする。できる、いや、まったくできないわけじゃないという言い方が正しいかな。本でも、統計には記述統計と推測統計があると書いてあって、なんかこの辺が関係しているのかな。混乱するなあ。

"トントン"

 はい！

 お疲れ様。なんか頭から湯気が出てるよ。

 あ、部長（こんなに図体大きいのに気配がまったくなかった）。お疲れ様です。

 何か悩んでる？

はい、先ほどいただいた宿題に関して、考えが堂々巡りしてます。50名のデータを10名で予想できるのか？　について考えていたのですが、まったくできないわけでもないような気がして。けどやっぱり10名だと全部の傾向を正確に見るのは難しいような。

なるほど。できないような、できるような、というその感覚を、もう少し言葉にして説明できる？

そ、そうですね…。うーん。（沈黙）

そうだ、山田君。そんな時はね。

は、はい。

ラーメン食べに行こう！

ラーメンですか？

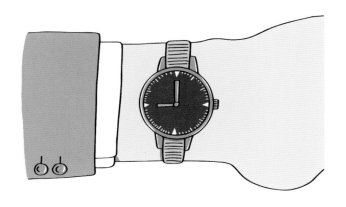

あー、もう21時か！　ラーメン大好きなので、ぜひ行きたいです（仕事終わらないな）。

ゴリラ部長は、山田君を連れてオフィス裏の小ぎれいなラーメン屋
さんへ向かった。店内は古いながらも清潔に保たれていて、豚骨と
魚介が混ざったいい香りがする。仕事終わりのビジネスパーソンと
学生で店内は混んでいたが、ちょうどカウンターに2席空きがあり
座ることができた。カウンターからは、厨房でラーメンを作る親方
らしき人とサポート役の人の動きがよく見えた。

 ここのラーメン、とっても好きなんだよね。スープが上品なのに
しっかりとした味があって。麺も好みの中太たまごちぢれ麺。

 そうなんですね。私も学生時代からラーメン大好きでした。

 山田君、ここから見える風景は普段通っているラーメン屋さんに
近いかな？　寸胴や丼やカウンター。寸胴のスープは、親方のこ
だわりで仕込みから48時間も煮込んでいるらしい。

はい。大学時代に私が行っていたラーメン屋さんも、こんな雰囲気でした。

親方の動きを見てみよう。よーく見ていてね。

親方は大きな寸胴の中から煮込まれたスープを取り出し、温められていた丼に移し替えた。丼の中は空で、ただスープを移し替えただけである。

山田君、ここで1つ質問。いま、丼の中は空だったね。そして丼は適度に温められていた。寸胴と丼は温度や湿度などの条件が同じで、丼が空だったと仮定した時、寸胴のスープとたった今注がれた丼のスープの味は同じだと思う？

えっ。スープの味ですか？

そう。寸胴のスープと丼のスープの味。

ほとんど同じじゃないですかね？　ただ移し替えただけだし。

ゴリラ部長の目がキラッと光る。

なんでいま、「ほとんど」と言ったのかな？　親方としては困るよね、スープの味が変わったら。

えーっと。そうですね、けど「厳密に同じ」かと言うと、ちょっとくらい違いがあるんじゃないかなと。微妙な濃度とか。

いいポイントだね。確かに、寸胴のスープと丼のスープの間に大きな差はなさそう。けど、まったく同じとは言い切れない。じゃあ、2つのスープの味をなるべく同じに近づけるためには、どうしたらよいと思う？

えーっと。すっごく単純な答えですが、

「よく混ぜる」

とかですかね。

そうなんだよ！！　その通り！！　あと、ほとんど同じ意味だけど、均等に全体から掬うということも大事だよね。底の方に溜まった豚骨の骨とかばっかりにならないようにとか。

そうですね。きちんと混ぜて均等に掬えば、だいたい同じになりますよね。親方もきちんと混ぜてましたね。ん、待てよ…。

どうした？

なるほど部長、そういうことだったんですね！　そうか、50名の部員を10名で推測できるかどうか。わかったような気がします。

よかったよかった。データの可視化という観点では、ヒストグラムというものを調べてみるとよいかもしれないね。

山田君はラーメンをすごい勢いで食べ終わると、オフィスに戻って分析を開始しました。

○ 推測統計とは？ ○

ここで、ゴリラ部長から「推測統計とは何か？」ということについて簡単に説明させていただきます。P.25で説明したように、統計の定義は

集団（データ）の傾向や性質を数量的に明らかにする

ということでした。この表現を使って推測統計の説明を行うと、手元にある一部のデータに確率分布という「型」や「パターン」を当てはめて、データ全体の性質を数量的に明らかにするということになります。もう少し噛み砕いて言うと、

今持っている少ないデータを使って、より多くのデータや未来のことを、あるパターンに当てはめて予測できるようにすること

という風に表現できると思います。

○ 標本と母集団
データ分析を行う時に、常に頭に入れておいてほしい図がこちらになります。

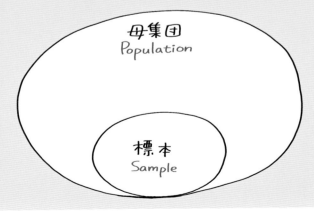

推測統計を行う際には、このように多くのデータと少ないデータを頭の中に思い浮かべてください。手元にある、1つ1つの観測した値を集めた少ないデータを「標本」(Sample)、「標本」と分析の目的となる情報を含むデータを「母集団」(Population)と呼びます。

そしてデータ分析によってなんらかの予測をする際、皆さんの手元にあるデータは基本的に「標本」であると思ってください。レアケースとして「母集団」全体のデータを持っていることもありますが、基本は「標本」です。

なぜ全体のデータではないのかと言うと、一番大きな理由は「コストがかかるから」と言えるでしょう。例えば日本の国勢調査には、実に720億円の費用がかかっているようです（2015年）。例えば消費財のビジネスをしている時に全顧客を対象に調査を行うとしたら、その費用は莫大なものになりそうですよね。

また、現在のデータから未来を予測するという場合、未来のデータはいまだ存在しないデータなので、全体のデータを取得するのはそもそも不可能、ということもあります。

以上の

- **少ないデータから多くのデータを推測する**
- **現在のデータから未来のデータを推測する**

の2つに代表されるケースで、小さなデータ、つまり「標本」から全体のデータである「母集団」がどうなっているかを推測すること。それが推測統計です。

例えば、1 〜 10の数がそれぞれ10個ずつ入っている、合計100個の数

字があるとします。これを「母集団」とします。

$$1, 2, 3, 4, 5, 6, 7, 8, 9, 10$$
$$1, 2, 3, 4, 5, 6, 7, 8, 9, 10$$
$$1, 2, 3, 4, 5, 6, 7, 8, 9, 10$$
$$1, 2, 3, 4, 5, 6, 7, 8, 9, 10$$
$$1, 2, 3, 4, 5, 6, 7, 8, 9, 10$$
$$1, 2, 3, 4, 5, 6, 7, 8, 9, 10$$
$$1, 2, 3, 4, 5, 6, 7, 8, 9, 10$$
$$1, 2, 3, 4, 5, 6, 7, 8, 9, 10$$
$$1, 2, 3, 4, 5, 6, 7, 8, 9, 10$$

この時、全体のデータから「標本」として1ばかり取ってきてしまうと、全体像を大きく見誤りそうですよね。

$$1, 1, 1, 1, 1, 1, 1, 1, 1, 1, 1$$

そうではなく、次のように1から10までをバランスよく取ってくれば、データの平均や分散は同じになります。

$$1, 2, 3, 4, 5, 6, 7, 8, 9, 10$$

つまり、推測統計においては「母集団」から「標本」をどのように取ってくるかが非常に大切ということです。

○ 標本抽出の方法の代表例〜単純無作為抽出〜

「母集団」から「標本」を取得することを、統計では標本抽出と呼びます。標本抽出の方法はいくつかあるのですが、統計を学び始めたばかりの皆さんは、基本となる単純無作為抽出を覚えていただければよいと思いま

す。個別の抽出方法に関しては、P.108のコラムで簡単に説明してあります ので、必要に応じて読んでみてください。

単純無作為抽出というのは、母集団から無作為に標本を抽出する方法で す。抽出法として手法が理解しやすく、データがあれば実施しやすいと いうメリットがある一方で、デメリットとしては、母集団に属する人全 体の名簿を集めなければならないということがあります。大企業のアン ケートや、自治体の全員参加の調査といった、母集団全員のデータを集 めることは可能だけれども全数調査するには数が多すぎるという場合に 向いています。英語で「Simple Randam Sampling」、略してSRSと呼ん だりします。

統計分析を行う際には、自分がやっていることが

　「標本」から「母集団」全体を推測しているのか？（ラーメンの 　例で言うと丼のスープから寸胴のスープ全体の味や成分を推測 　しているのか？）

それとも

　標本の傾向を推測しているのか？（ラーメンの例で言うと丼の 　スープから丼のスープの味や成分を推測しているのか？）

を正しく把握しておくことが重要です。

◎ 確率分布とは？
ここで少し、P.53で登場した「確率分布」の説明をさせてください。 確率分布とは、

　ある確率変数がとる値とその時の対応を分布として表したもの

になります。ちょっと難しいので、具体例で考えてみましょう。例えば
サイコロを2回振った時の出た目の合計とその確率は、下記の表のよう
になります。

2回の合計	2	3	4	5	6	7	8	9	10	11	12
確率	1/36	2/36	3/36	4/36	5/36	6/36	5/36	4/36	3/36	2/36	1/36

全体では、1回目が6通り、2回目が6通りあるので、6×6で合計36通り
の組み合わせがあります。例えば合計が2になるのは、1回目も2回目も
1が出た場合の1通りだけです。そのため確率は1/36になります。合計
が5になるのは、1回目と2回目がそれぞれ（1,4）（4,1）（2,3）（3,2）
になった場合の4通りです。そのため確率は4/36になります。これを次
のように分布として表したものが、確率分布ということになります。

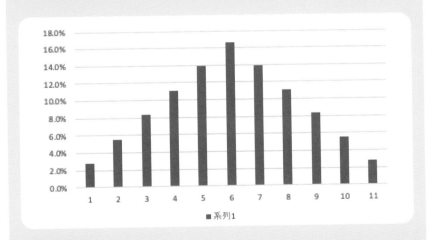

確率分布は、標本から母集団全体の傾向を推測するためのパターンとし
て使われます。その代表的なものが、これから解説する「正規分布」で
す。確率分布の可視化の方法や推測の仕方などは、これから山田君と一
緒に学んでいくことにしましょう。

ヒストグラムとは？

 寸胴のスープをきちんと混ぜて均等に掬えば、丼のスープの味をなるべく同じにすることができる。それと同じように、10人の社員のデータが、全体をきちんとかき混ぜて抽出したデータならば第一営業部と第二営業部の傾向をある程度推測できるはず。部長から第一営業部と第二営業部のデータをもらってきたけど、これを使ってどう考えたらいいのだろう。数字だけ見ていても、部分と全体が似ているのか似ていないのかよくわからないな…。そういえば部長がヒストグラムとおっしゃっていたから、まずはヒストグラムに関して調べてみよう。

🔍 ヒストグラム

ヒストグラム（英語: histogram）とは、縦軸に度数、横軸に階級をとった統計グラフの一種で、データの分布状況を視覚的に認識するために主に統計学や数学、画像処理等で用いられる。柱状図、柱状グラフ、度数分布図ともいう。（Wikipedia より）

なんか、わかるようでわからないな。ヒストグラムの例を見てみるとこんな感じか。

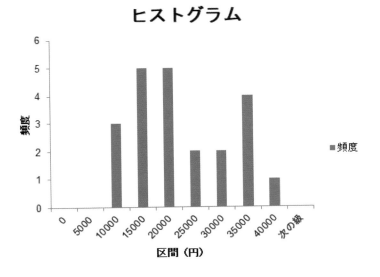

このグラフでは、ある会社の社員が1ヶ月に自由に使えるお金がどれくらいあるか、またその範囲で使える人は何人いるかという関係が、それぞれX軸とY軸に表されている。X軸（横軸）に1ヶ月あたりの使える金額が5000円刻みで設定されていて、Y軸（縦軸）にはX軸の範囲内で使える人が何人いるかが表されている。例えば5001円〜10000円使える人は全部で3人いるということが読み取れるのか。金額範囲別の該当者が何人いるかということを視覚的に整理できるんだな。

今回の第一営業部の売上データを見てみよう。

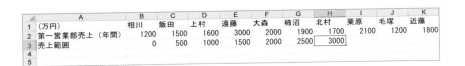

	A	B	C	D	E	F	G	H	I	J	K
1	（万円）	相川	飯田	上村	遠藤	大森	柿沼	北村	栗原	毛塚	近藤
2	第一営業部売上（年間）	1200	1500	1600	3000	2000	1900	1700	2100	1200	1800
3	売上範囲	0	500	1000	1500	2000	2500	3000			
4											
5											

10人分の売上と、売上範囲が500万円刻みで用意されているのか。これは、

- **X軸に500万円刻みで0万円〜最大3000万円**
- **Y軸に1年間の売上金額が該当する営業の数**

という形でデータを可視化することができそうだな。「標本」と「母集団」それぞれでヒストグラムを作って形状が近ければ、取り出した「標本」のデータから「母集団」の傾向を推測できるということが言えそうだ。このデータを使って、エクセルでヒストグラムを作ってみよう。

 エクセルでヒストグラムを作るには、データ分析アドインの機能の設定が必要なんだな。

● Macの方向けデータ分析アドインの設定方法

① エクセルを起動する。

②「ツール」をクリックする。

③「Excelアドイン」をクリックする。

④「分析ツール」にチェックを入れて、「OK」をクリックする。

⑤「データ」タブの右上に「データ分析」のボタンが出ていればOK。

● **Windowsの方向けデータ分析アドインの設定方法**

① エクセルを起動する。

②「ファイル」→「オプション」をクリックする。

③「アドイン」をクリックする。

④「設定」をクリックする。

⑤「分析ツール」にチェックを入れて、「OK」をクリックする。

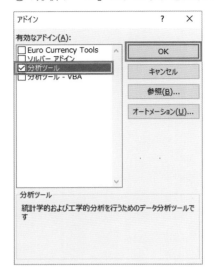

⑥「データ」タブの右上に「データ分析」のボタンが出ていればOK。

 よし、「データ分析」のボタンが出てるな。設定はOK！

次に、「データ」タブの「データ分析」→「ヒストグラム」を選択して、入力範囲を「第一営業部売上」、データ区間を「売上範囲」に設定して、「ラベル」にチェックを入れる。「ラベル」にチェックを入れておくと、A列に入っているデータの名前が見られて便利なんだよな。また「グラフ作成」にもチェックを入れておくと、同時にグラフも作ってくれる。

	A	B	C	D	E	F	G	H	I	J	K
1	(万円)	相川	飯田	上村	遠藤	大森	柿沼	北村	栗原	毛塚	近藤
2	第一営業部売上（年間）	1200	1500	1600	3000	2000	1900	1700	2100	1200	1800
3	売上範囲	0	500	1000	1500	2000	2500	3000			
4											
5											

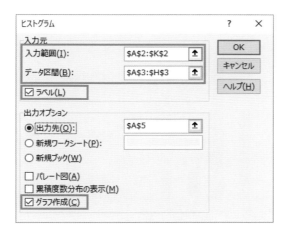

 それでは、これで「OK」をクリックしよう。

これで、第一営業部10人の売上データが表としてまとめられた。それぞれ1001〜1500に3人、1501〜2000に5人、2001〜2500に1人、2501〜3000に1人いるという結果か。

売上範囲	頻度
0	0
500	0
1000	0
1500	3
2000	5
2500	1
3000	1
次の級	0

同時に作成されたグラフはこんなイメージ。こんな形にデータが散らばっているんだな。

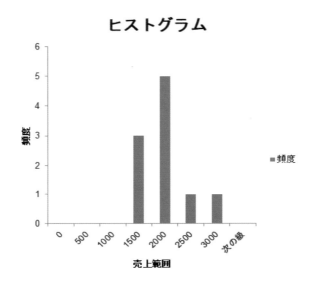

 なんとなく、平均が含まれる1501 ～ 2000の範囲に一番たくさんの人が入っていて、平均から離れるほど人数が減っていく、山型のようなデータになっているということはわかった。ラーメン屋さんの話を考えると、第一営業部全体のデータがこのグラフに近い形で分布していれば、この標本データは母集団のデータをきちんと表しているということが言えそうだな。

この売上範囲と頻度から、データ分析のアドインを使わず、「挿入」タブ→「グラフ」のところからもヒストグラムを作成できる。表の「売上範囲」から「次の級」の「0」までを選んで、「挿入」タブ→「ヒストグラム」のアイコンを選ぶ。そして軸のX軸上で右クリックして「軸の書式設定」→「ビン」で「分類項目別」を選択する。すると、こんな感じのグラフが表示される。

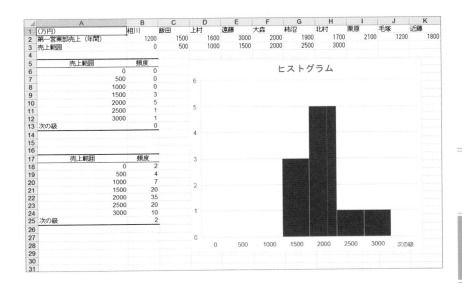

今まで分析したのは第一営業部の一部の売上だったけど、同様の
やり方で第一営業部のデータの下にある、A17セルからB25セル
に入っている第一営業部と第二営業部、100人のデータを選択し
て同じようにヒストグラムを作ると、こんな感じか。

売上範囲	頻度
0	2
500	4
1000	7
1500	20
2000	35
2500	20
3000	10
次の級	2

ヒストグラム　営業全体の売上

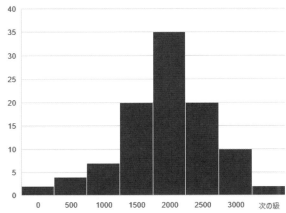

よし。じゃあ部長に報告しにいこう。

正規分布とは？

部長！　いただいたヒントの通り、ヒストグラムを作成して10人のデータの傾向から100人のデータの傾向を推測できるか考えてみました。データを見てみると、10名のデータも100名のデータも1501 〜 2000万円に含まれる人が一番多く、平均から離れれば離れるほど出現する頻度は減っていくということがわかりました。10名と100名どちらのデータも、ヒストグラムの形状は結構近いように感じました。

よくここまで分析したね。素晴らしい。確かに形状は近いと言えそうだね。そろそろ山田君には、推測統計とは何かという私の理解の仕方を説明しましょう。実は推測統計というのは、記述統計で整理したデータが「発生しやすいある特定のパターン」に従う

と仮定すると、どのような結果になりやすく、どのような結果になりにくいのかを分析するものなんだよね。その「発生しやすいパターン」の代表例を、正規分布と言います。

（集中して聞こう）はい。

山田君が作ってくれたヒストグラムですが、その特徴をざっくり表現すると

平均に近ければ近いほど該当するデータが多く、平均から離れれば離れるほど該当するデータが少なくなる

と言えますよね？
これは実は、自然界の昆虫の個体の大きさ、雨粒の大きさから始まって、人間の身長や体重、キャズム理論というマーケティング研究にも用いられるほど、身の周りに多く現れる分布なんです。推測統計というのは、まず記述統計のアプローチでデータを整理し、その後、整理したデータを「よく起こりうるパターン」にはめ込んで分析するイメージです。そのパターンの代表例が、今回分析してもらったデータにも見られる、正規分布と呼ばれるものになります。

今回やってもらったデータ分析のように、ヒストグラムを作った際に

- 平均がもっとも起こりうる可能性が高くなる
- 平均から離れれば離れるほど発生の可能性は下がる

という条件に従ってデータが分布していれば、正規分布が使える

ケースが多くなるということになります。「多くなる」と言ったのは、厳密には正規分布に一致していないケースでも、大枠で一致してさえいれば分析を開始するということがあるからです。また、正規分布よりも簡単かつ精度を担保できるパターンはあまりないので、推測の第一歩としてまずは正規分布を仮定してみるということもあります。

 正規分布を使うと、具体的にどのようなことを推測できるようになるのでしょうか？

 例えば、5人の学生さんの2つのグループに英語のテストを受けてもらったとしましょう。その時、両方のグループの平均点が50点だったとします。けれど内訳が次のようなものだったとすると、同じ平均50点でも全然意味が違うということがわかるよね？

- グループA：50,45,55,48,52（平均50点）
- グループB：0,30,60,70,90（平均50点）

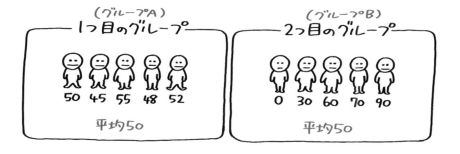

 そうですね。ヒストグラムを書くまでもなく、1つ目のグループは45〜55点の間にすべてのデータが集中しているのに対して、2つ目のグループは0〜90点までの間にデータが散らばっていて、平均50点って言われてもそこに該当する人はいないですね。

そうだね。この場合、

- グループAの回答は平均が50点で、45 ～ 55点の間に100%存在する
- グループBの回答は平均が50点で、0 ～ 90点の間に100%存在する

ということが言える。次に、この2つのデータがある1つのグループ全体のデータの一部で、全体では100名がテストを受けていたとします。この100名全体の結果を推測する場合、グループAとグループBのどちらを参考にするかによって、分析結果は大きく変わってきそうだよね。

たしかに。グループAを見たらほとんどの人が45 ～ 55点にいるのかなと思ってしまうし、グループBを見ると0点から90点までの間に散らばっているテストという分析になりそうですね。

そう。だからこの2つのグループの分析だけでは、全体のデータの傾向を推測することは難しい。けれど、もしここで全体のデータが「正規分布に従っている」と仮定すると、

母集団の平均がC点とD点の間にE%の確率で入っている

ということが言えるようになる。
つまり、グループAとBの2つのグループの分析だけでは全体を推測することは難しい。でも、全体が「正規分布に従っている」と仮定すれば、上記のように一部を取り出しただけではバラバラに見えるデータであっても、全体の傾向を掴むことができるんだよね。

正規分布というパターンが成り立つならば、一見バラバラに見えるデータも正規分布のパターンを当てはめることでその確率がわかるようになる、ということでしょうか？

 そうだね。データが正規分布のパターンに従っていると仮定すると、標本のデータから、母集団のデータがどの範囲にあることが多いのかを予測できるようになるんだ。これまでは2つのグループを分析しても

　平均は同じになる

としか言えなかった全員のテストの結果が、正規分布を使うと、

平均がどこからどこまでの範囲に、何％の確率で収まっている

とまで言えるようになる。例えば

　平均が40点から60点の範囲に80％の確率で収まっている

とかね。そして統計では、「95％の確率でこの範囲に収まる」という表現がよく使われる。その範囲から外れてしまう可能性は5％しかないということで、それくらいのまちがいは許容しようと考えることが多い。これを

　95％の信頼区間で平均は45点から55点の間にあると言える

と表現したりするよ。

これまで、この人の点数は60点は行かなそうとか、いや全然行く可能性あるなとなんとなく感じることはありましたが、正規分布を使うと、これまでのデータからこの点数以上（ないしはこの点数以下）になる確率は何%ある（逆に何%しかない）といったことを言えるようになるんですね。

標準正規分布表

 ところで山田君、こんな表を見たことはあるかな？

標準正規分布表

(Standard Normal Distribution)

表中の数字は、全体の面積を1.0としたときの、Z＝0からZまでの面積を表します。

たとえばZ＝1.00の場合は「.3413」となり、斜線の部分の面積が全体の34.13%であることがわかります。

Z	0	0.01	0.02	0.03	0.04	0.05	0.06	0.07	0.08	0.09
0.0	.0000	.0040	.0080	.0120	.0160	.0199	.0239	.0279	.0319	.0359
0.1	.0398	.0438	.0478	.0517	.0557	.0596	.0636	.0675	.0714	.0753
0.2	.0793	.0832	.0871	.0910	.0948	.0987	.1026	.1064	.1103	.1141
0.3	.1179	.1217	.1255	.1293	.1331	.1368	.1406	.1443	.1480	.1517
0.4	.1554	.1591	.1628	.1664	.1700	.1736	.1772	.1808	.1844	.1879
0.5	.1915	.1950	.1985	.2019	.2054	.2088	.2123	.2157	.2190	.2224
0.6	.2257	.2291	.2324	.2357	.2389	.2422	.2454	.2486	.2517	.2549
0.7	.2580	.2611	.2642	.2673	.2704	.2734	.2764	.2794	.2823	.2852
0.8	.2881	.2910	.2939	.2967	.2995	.3023	.3051	.3078	.3106	.3133
0.9	.3159	.3186	.3212	.3238	.3264	.3289	.3315	.3340	.3365	.3389
1.0	.3413	.3438	.3461	.3485	.3508	.3531	.3554	.3577	.3599	.3621
1.1	.3643	.3665	.3686	.3708	.3729	.3749	.3770	.3790	.3810	.3830
1.2	.3849	.3869	.3888	.3907	.3925	.3944	.3962	.3980	.3997	.4015
2.9	.4981	.4982	.4982	.4983	.4984	.4984	.4985	.4985	.4986	.4986
3.0	.4987	.4987	.4987	.4988	.4988	.4989	.4989	.4989	.4990	.4990
3.1	.4990	.4991	.4991	.4991	.4992	.4992	.4992	.4992	.4993	.4993
3.2	.4993	.4993	.4994	.4994	.4994	.4994	.4994	.4995	.4995	.4995
3.3	.4995	.4995	.4995	.4996	.4996	.4996	.4996	.4996	.4996	.4997
3.4	.4997	.4997	.4997	.4997	.4997	.4997	.4997	.4997	.4997	.4998
3.5	.4998	.4998	.4998	.4998	.4998	.4998	.4998	.4998	.4998	.4998
3.6	.4998	.4998	.4999	.4999	.4999	.4999	.4999	.4999	.4999	.4999
3.7	.4999	.4999	.4999	.4999	.49991	.49992	.49992	.49992	.49992	.49992

出典：https://www.koka.ac.jp/morigiwa/sjs/standard_normal_distribution.htm

73

えーっと、すいません。見たことないです（数字が多くてなんだこれは）。あれ、でも。

どうしました？

この表の上部の図はなんとなく、真ん中部分が一番多くて両端に行けば行くほど山の高さが小さくなっているように感じるので、今までの正規分布に関して説明するものなのかもしれませんね。

そりゃそうだよね。「標準正規分布表」って書いてあるから。

うっ。

まず、標準正規分布は平均が0で分散が1になるように調整された正規分布のことです。標準正規分布表の上にある山形のカーブのグラフを見てください。これは全体の面積を1＝100％として、真ん中が平均、X軸は平均から標準偏差何個分離れているか？　を示しています。Y軸は確率密度（Xがある値を取った時に、全体の確率がどれくらいあるかを表すもの）を示していて、左右対称で片側の確率は50％になる。平均から離れるほど確率は下がるので、大きい方に離れても、小さい方に離れても、同じ距離であれば同じ確率で起きる。片方の確率を見れば、逆側も求められるという構造になっている。

次に下の表の見方だけど、平均から標準偏差X個分離れた時の、グラフの斜線部分の面積を表しています。この面積が、先ほどの「40点から60点の間に80％の確率で収まっている」という時の「〜％」になるんだ。

縦軸は標準偏差何個分かの小数点第一位までの数値を表し、横軸

は小数点第二位までを表している。例えば平均から標準偏差1.62個分離れる場合は、まず一番左の列で上から17行目の1.6の数字の横の.4452が1.60個分の時の面積、そのすぐ右横が1.61個分、そのもう1つ横の1.62個分で、その時の面積は.4474になる。表内では0.XXXXの0は省略して書かれているので0.4474、つまり平均から標準偏差1.62個分離れた範囲にデータがある確率は、44.74%ということになる。

Z	0	0.01	0.02	0.03	0.04	0.05	0.06	0.07	0.08	0.09
0.0	.0000	.0040	.0080	.0120	.0160	.0199	.0239	.0279	.0319	.0359
0.1	.0398	.0438	.0478	.0517	.0557	.0596	.0636	.0675	.0714	.0753
0.2	.0793	.0832	.0871	.0910	.0948	.0987	.1026	.1064	.1103	.1141
0.3	.1179	.1217	.1255	.1293	.1331	.1368	.1406	.1443	.1480	.1517
0.4	.1554	.1591	.1628	.1664	.1700	.1736	.1772	.1808	.1844	.1879
0.5	.1915	.1950	.1985	.2019	.2054	.2088	.2123	.2157	.2190	.2224
0.6	.2257	.2291	.2324	.2357	.2389	.2422	.2454	.2486	.2517	.2549
0.7	.2580	.2611	.2642	.2673	.2704	.2734	.2764	.2794	.2823	.2852
0.8	.2881	.2910	.2939	.2967	.2995	.3023	.3051	.3078	.3106	.3133
0.9	.3159	.3186	.3212	.3238	.3264	.3289	.3315	.3340	.3365	.3389
1.0	.3413	.3438	.3461	.3485	.3508	.3531	.3554	.3577	.3599	.3621
1.1	.3643	.3665	.3686	.3708	.3729	.3749	.3770	.3790	.3810	.3830
1.2	.3849	.3869	.3888	.3907	.3925	.3944	.3962	.3980	.3997	.4015
1.3	.4032	.4049	.4066	.4082	.4099	.4115	.4131	.4147	.4162	.4177
1.4	.4192	.4207	.4222	.4236	.4251	.4265	.4279	.4292	.4306	.4319
1.5	.4332	.4345	.4357	.4370	.4382	.4394	.4406	.4418	.4429	.4441
1.6	.4452	.4463	.4474	.4484	.4495	.4505	.4515	.4525	.4535	.4545
1.7	.4554	.4564	.4573	.4582	.4591	.4599	.4608	.4616	.4625	.4633
1.8	.4641	.4649	.4656	.4664	.4671	.4678	.4686	.4693	.4699	.4706
1.9	.4713	.4719	.4726	.4732	.4738	.4744	.4750	.4756	.4761	.4767
2.0	.4772	.4778	.4783	.4788	.4793	.4798	.4803	.4808	.4812	.4817
2.1	.4821	.4826	.4830	.4834	.4838	.4842	.4846	.4850	.4854	.4857
2.2	.4861	.4864	.4868	.4871	.4875	.4878	.4881	.4884	.4887	.4890
2.3	.4893	.4896	.4898	.4901	.4904	.4906	.4909	.4911	.4913	.4916
2.4	.4918	.4920	.4922	.4925	.4927	.4929	.4931	.4932	.4934	.4936
2.5	.4938	.4940	.4941	.4943	.4945	.4946	.4948	.4949	.4951	.4952
2.6	.4953	.4955	.4956	.4957	.4959	.4960	.4961	.4962	.4963	.4964
2.7	.4965	.4966	.4967	.4968	.4969	.4970	.4971	.4972	.4973	.4974
2.8	.4974	.4975	.4976	.4977	.4977	.4978	.4979	.4979	.4980	.4981
2.9	.4981	.4982	.4982	.4983	.4984	.4984	.4985	.4985	.4986	.4986
3.0	.4987	.4987	.4987	.4988	.4988	.4989	.4989	.4992	.4993	.4990
3.1	.4990	.4991	.4991	.4991	.4992	.4992	.4992	.4992	.4995	.4993
3.2	.4993	.4993	.4994	.4994	.4994	.4994	.4994	.4995	.4995	.4995
3.3	.4995	.4995	.4995	.4996	.4996	.4996	.4996	.4996	.4996	.4997

山田君、第一営業部10人の売上の平均と標準偏差はいくつだったっけ？

 平均1800万円と標準偏差493万円です。

 そして第一営業部の売上は、正規分布に近い形状があったよね？

 そうですね。

- 平均がもっとも起こりうる可能性が高くなる
- 平均から離れれば離れるほど発生の可能性は下がる

ヒストグラムからも、この条件は満たすと言えると思います。

 OK。細かいことを言い出すときりはないけど、ここではいったんその条件を満たすとしよう。つまり、第一営業部の売上は正規分布に従うと仮定するわけだ。また、計算の簡略化のために標準偏差は500万円としよう。そうすると、実は次の 問題❶ ～ 問題❹ が全部解けてしまうんだよ。

問題❶ 第一営業部の売上平均は95.44％の確率でA ～ B万円の間になる？

問題❷ 第一営業部の売上平均は68.26％の確率でC ～ D万円の間になる？

問題❸ 第一営業部の売上平均が1050万円から2550万円になる確率は何％？

問題❹ 第一営業部の売上平均が3050万円以下になる確率は何％？

ど、どういうことですか？　売上がどの水準になるかという確率が何％になるのかまでわかってしまうってことですか？

（部長の目がキラリと光る）そうだね。

そんなことできるんですか？

正規分布を使った計算問題①

うん。やり方のイメージをつけるために、問題❶ は一緒にやってみよう。そしてその後の 問題❷ 問題❸ 問題❹ は1人でやってみてください。まず「第一営業部の売上平均は95.44％の確率でA ～ B万円の間になる？」だけれども、山田君、今日の話の中で出てきた％といえばどこにあったかな？

えーっと。標準正規分布表の中ですか？

探してみてください。

（標準正規分布表を取り出して）えーっと。あれ、なんでだろう。どんなに下までいっても0.499999になるだけで、95.44％は見つからないな。これはどういうことなんだろう。

ヒント。標準正規分布表は左右対称。

左右対称。そうか、95.44％になるということは、この表は半分だけを表しているので95.44％ ／ 2 ＝ 47.72％ということですね。

その通り。そして47.72％つまり.4772を探すと？

 Zが2.00のところにありました！

Z	0	0.01	0.02	0.03	0.04	0.05	0.06	0.07	0.08	0.09
0.0	.0000	.0040	.0080	.0120	.0160	.0199	.0239	.0279	.0319	.0359
0.1	.0398	.0438	.0478	.0517	.0557	.0596	.0636	.0675	.0714	.0753
0.2	.0793	.0832	.0871	.0910	.0948	.0987	.1026	.1064	.1103	.1141
0.3	.1179	.1217	.1255	.1293	.1331	.1368	.1406	.1443	.1480	.1517
0.4	.1554	.1591	.1628	.1664	.1700	.1736	.1772	.1808	.1844	.1879
0.5	.1915	.1950	.1985	.2019	.2054	.2088	.2123	.2157	.2190	.2224
0.6	.2257	.2291	.2324	.2357	.2389	.2422	.2454	.2486	.2517	.2549
0.7	.2580	.2611	.2642	.2673	.2704	.2734	.2764	.2794	.2823	.2852
0.8	.2881	.2910	.2939	.2967	.2995	.3023	.3051	.3078	.3106	.3133
0.9	.3159	.3186	.3212	.3238	.3264	.3289	.3315	.3340	.3365	.3389
1.0	.3413	.3438	.3461	.3485	.3508	.3531	.3554	.3577	.3599	.3621
1.1	.3643	.3665	.3686	.3708	.3729	.3749	.3770	.3790	.3810	.3830
1.2	.3849	.3869	.3888	.3907	.3925	.3944	.3962	.3980	.3997	.4015
1.3	.4032	.4049	.4066	.4082	.4099	.4115	.4131	.4147	.4162	.4177
1.4	.4192	.4207	.4222	.4236	.4251	.4265	.4279	.4292	.4306	.4319
1.5	.4332	.4345	.4357	.4370	.4382	.4394	.4406	.4418	.4429	.4441
1.6	.4452	.4463	.4474	.4484	.4495	.4505	.4515	.4525	.4535	.4545
1.7	.4554	.4564	.4573	.4582	.4591	.4599	.4608	.4616	.4625	.4633
1.8	.4641	.4649	.4656	.4664	.4671	.4678	.4686	.4693	.4699	.4706
1.9	.4713	.4719	.4726	.4732	.4738	.4744	.4750	.4756	.4761	.4767
2.0	.4772	.4778	.4783	.4788	.4793	.4798	.4803	.4808	.4812	.4817
2.1	.4821	.4826	.4830	.4834	.4838	.4842	.4846	.4850	.4854	.4857
2.2	.4861	.4864	.4868	.4871	.4875	.4878	.4881	.4884	.4887	.4890
2.3	.4893	.4896	.4898	.4901	.4904	.4906	.4909	.4911	.4913	.4916
2.4	.4918	.4920	.4922	.4925	.4927	.4929	.4931	.4932	.4934	.4936
2.5	.4938	.4940	.4941	.4943	.4945	.4946	.4948	.4949	.4951	.4952
2.6	.4953	.4955	.4956	.4957	.4959	.4960	.4961	.4962	.4963	.4964
2.7	.4965	.4966	.4967	.4968	.4969	.4970	.4971	.4972	.4973	.4974
2.8	.4974	.4975	.4976	.4977	.4977	.4978	.4979	.4979	.4980	.4981
2.9	.4981	.4982	.4982	.4983	.4984	.4984	.4985	.4985	.4986	.4986
3.0	.4987	.4987	.4987	.4988	.4988	.4989	.4989	.4989	.4990	.4990
3.1	.4990	.4991	.4991	.4991	.4992	.4992	.4992	.4992	.4993	.4993
3.2	.4993	.4993	.4994	.4994	.4994	.4994	.4994	.4995	.4995	.4995
3.3	.4995	.4995	.4995	.4996	.4996	.4996	.4996	.4996	.4996	.4997
3.4	.4997	.4997	.4997	.4997	.4997	.4997	.4997	.4997	.4997	.4998
3.5	.4998	.4998	.4998	.4998	.4998	.4998	.4998	.4998	.4998	.4998
3.6	.4998	.4998	.4999	.4999	.4999	.4999	.4999	.4999	.4999	.4999
3.7	.4999	.4999	.4999	.4999	.49991	.49992	.49992	.49992	.49992	.49992

それじゃあ、Z＝2.00がどういうことを説明しよう。それには正規分布の図を書いた方がよいね。

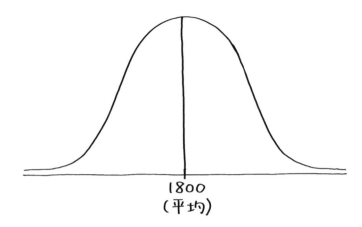

1800
（平均）

正規分布の問題を解く場合は、最初に必ずこの図を書くとよいです。そして、正規分布の問題を解く時にとても大事なことは、この真ん中の点がゼロじゃないということなんだ。ここは平均。

でも、時折0と書いてあるようなことがないでしょうか？

それは、平均から標準偏差で何個分離れているかを表した0であることが多いね。標準正規分布表はそうなっている。平均から標準偏差0個分離れているというのはつまり？

平均ということですね。

その通り。標準正規分布表で片側47.72％になるのは、「Z＝2.00」の時だった。つまり、平均からプラス方向にZ2個分進んだ時という意味になる。そして標準正規分布表は左右対称なので、マイナス方向にZ2個分進んだ時でもある。今回Z1個はいくつになるか

と言うと、Zは1標準偏差分なので問題で定義した値の500万円に
なる。

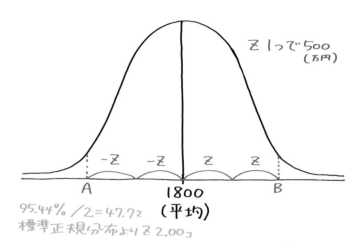

Z1って500
（万円）

-Z -Z Z Z

A 1800 B
（平均）

95.44% / 2 = 47.72
標準正規分布よりZ 2.00コ

だから

A（平均からマイナス方向）：平均1800 − 500（Z1個つまり1標
準偏差分）＊2＝800（万円）
B（平均からプラス方向）：平均1800 ＋ 500（Z1個つまり1標準
偏差分）＊2＝2800（万円）

となって、答えは

第一営業部の売上平均は95.44％の確率で800万円〜2800万円の
間になる

ということになる。
逆に言うと、第一営業部の平均売上が2800万円以上になる可能
性は2.28％（50％−47.72％）しかないということになるね。

社長がハッパかけて平均売上2800万以上いったらボーナスだ！とか言っても、可能性で考えるとすごく低いってことなんですね。

 そうだね。そういうだいたいの基準感が持てるようになると、ビジネスだと強い。大外しがなくなるからね。

 わかりました！

 では山田君、残りの問題を1人でやってみてください。

 問題❷ 第一営業部の売上平均は、68.26%の確率でC ～ D万円の間になる？

 部長が言っていた通り、まずは絵を書いてみよう。

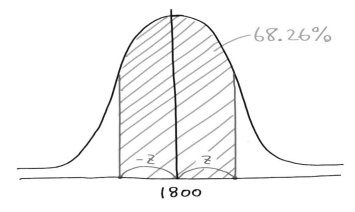

 まず真ん中は平均！　それで、今回は68.26%になる時か。

標準正規分布表には68.26%は存在していない。なぜなら左右対称で半分の50%しか示さないものだから。そこで68.26%を2で割

81

るんだよな。すると34.13％になる。.3413は正規分布表の
Z＝1.00のところにある。だから真ん中である平均から標準偏差
±1つずつ進んだところが、求めるべきCとDになる。

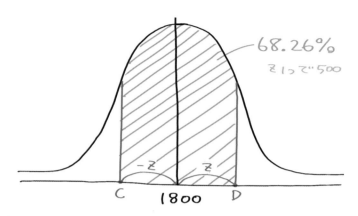

つまり

C：平均1800−500（Z1個つまり1標準偏差分）＊1＝1300（万円）
D：平均1800＋500（Z1個つまり1標準偏差分）＊1＝2300（万円）

となって、答えは1300万円〜 2300万円になる。

問題❸　第一営業部の売上平均が1050万円から2550万円になる
　　　　可能性は何％？

まずは正規分布の図を書く。こんな感じで。

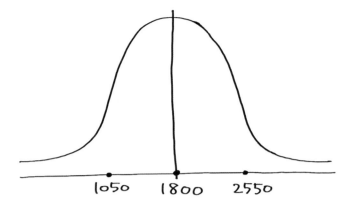

 何％というのは標準正規分布表の中にあるから、それとこの図を結びつけられればよいんだろうな。平均の1800から2550はいくつ離れているかと言うと、単純に引き算で2550−1800＝750万円か。750万円ってことはZで言うと何個分になるかと言うと、750／500で1.5個分。つまり正規分布表のZ＝1.50個のところだから43.32％。1050万円も1050−1800で、同じく750万円。今度はマイナス側に動いている。これもZ＝1.50個分動いたところだから43.32％。

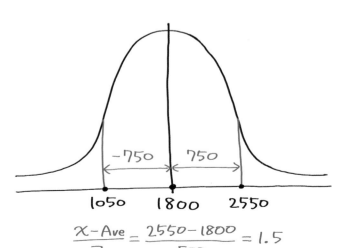

$$\frac{x - Ave}{z} = \frac{2550 - 1800}{500} = 1.5$$

83

合計すると、43.32％＊2＝86.64％ということか。

問題❹ 第一営業部の売上平均が3050万円以下になる可能性は何％？

よし。今までと同じように考えると3050万円と平均の距離は3050−1800で、1250万円。1250／500は2.5。

Z＝2.50個を標準正規分布表から見ると49.38％。さっきと同じように2倍して98.76％になるな。

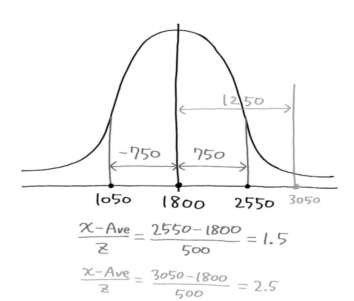

$$\frac{x-Ave}{Z} = \frac{2550-1800}{500} = 1.5$$

$$\frac{x-Ave}{Z} = \frac{3050-1800}{500} = 2.5$$

これで完了。明日部長に見てもらおう！

（翌日）

部長！　できました。

問題**2** の答え　C：1300万円　D：2300万円
問題**3** の答え　86.64%
問題**4** の答え　98.76%

でしょうか？

 山田君、惜しい！

 惜しい？

 この回答の時点でほとんど理解できてると思います。ただ最後の 問題**4** はまちがっています。それに関して少し説明しますね。ちなみに、山田君が計算した時、どんな図を書きましたか？

 このような図になりました。

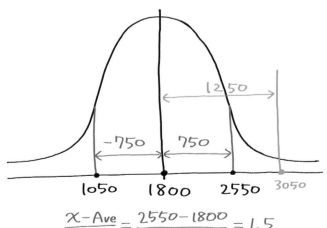

$$\frac{x - Ave}{z} = \frac{2550 - 1800}{500} = 1.5$$

$$\frac{x - Ave}{z} = \frac{3050 - 1800}{500} = 2.5$$

ちゃんと図も書いて偉いね。そうそう、やってほしい計算として
は、この形で売上の3050万円から平均を引くと万円での距離が
出るよね。今回は1250万円。それをZ何個分かの値に直すわけだ
から、Zで割ってあげる。

1250 / 500 ＝ 2.5

特に 問題❸ と 問題❹ でやってもらっている計算を一般化すると

（X－平均値）を標準偏差1個分で割る

という計算をしてもらっているよね。

Zが2.50の時の標準正規分布表を見ると、その確率は.4938とあ
るので、平均1800万円を真ん中としたところから向かって右側
の面積は49.38％になる。ここまでは山田君できてるよね。

はい。それを2倍して回答としました。

なるほど。ちょっと問題を見直してみましょう。

問題❹　第一営業部の売上平均が3050万円以下になる可能性は
何％？

とあるけど、 問題❸ との違いで何か気づくことはありますか？

えーっと 問題❸ 第一営業部の売上平均が1050万円から2550万
円になる可能性は何％？だから…。

そうか、 問題❹ は3050万以下と上限は決められていますが、下限が決められていないですね。

そうだね。ちなみに山田君がやった計算を図示すると、次のようになる。平均の1800万円から2.5標準偏差分（つまりZ2.5個分）を割り出すので、

$$1,800 - Z * 2.5 = 1,800 - 1,250 = 550$$

になる。山田君はこの550万円以下の確率、図で表すと下記の赤い斜線の部分の確率を除いてしまっているんだね。

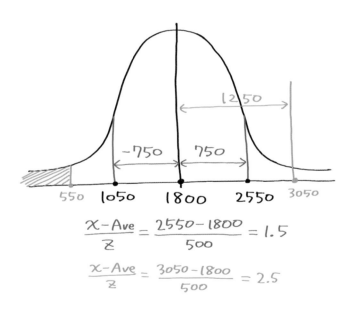

そうか。2倍してしまうと3,050万円以下じゃなくて、550万円～3050万円までの確率を計算してしまうことになるんですね。実際は550万円以下も計算に含めないといけないのか。けど、それってどうやったら求められるのだろう。

昨日話した時に言ったよね。標準正規分布表は左右対称。

 ですよね。うーんと。

 全体は何パーセントかな？

 100%ですよね。

 そう。だから左右対称だと半分は？

 50%。

 そうです。今回の問題は3050万円以上になる確率を除いた全体を計算しないといけない。平均より右側に当たる部分は1800万円−3050万円で49.38%、左側（下の図の緑で塗られた部分）は全体なので50%。よって求める確率は99.38%になるね。

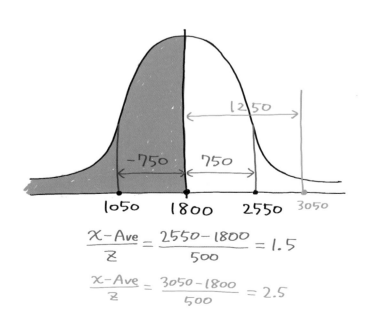

$$\frac{x - \text{Ave}}{z} = \frac{2550 - 1800}{500} = 1.5$$

$$\frac{x - \text{Ave}}{z} = \frac{3050 - 1800}{500} = 2.5$$

なるほど！　そうかそうか。これで、3050万円以上を営業目標にしようとしても、それは1%も起こりえないので目標としてちょっとアグレッシブとか、そのあたりを数値で表現できるようになるんですね。

そう。その通り。

正規分布を使った計算問題②

あとは、例えば比べる単位が異なっていて比べられないものを比べるみたいなことも可能になる。例えばうちの会社でも、エンジニアの人と営業の人、どちらか1人だけが昇進できるという時に、どっちがよいか迷うことはありえるよね。

先日も似たような揉め事があったと聞きました。

そうなんだよね。ただ、こんな時も正規分布を使った分析ができる。いい題材なので、一度考えてみてはどうかな。例えばこんな問題。

問題⑤　次のような条件の場合、エンジニアAさんと営業Bさん、どちらを昇進させるべき？

仮定
・エンジニアチームの書いたプログラミングコード数と営業チームの売上はどちらも正規分布に従うと仮定する。

条件

・エンジニアチームの書いたプログラミングコード数の「平均は26万行。標準偏差は8万行」
・エンジニアのAさんの3年間の平均の成績は「書いたプログラミングコード数50万行」
・営業チームの売上の「平均は1500万円。標準偏差は400万円」
・営業のBさんの3年間の平均の成績は「売上2500万円」

 えーっと。すいません部長、どうしたらいいかまったく想像できないのですが。

 山田君らしくないな。まず、この問題は何を使って解けばいいと思う？

 そうか、「正規分布に従うと仮定する」から、標準正規分布を使うんですね。

 そして、正規分布という言葉が出てきたらまずやることは？

 図を書く、ですよね。

 そう。正規分布という言葉を見たら、まずは図を書いてみる。あとは宿題として、自分で考えてみてください。

（席に戻った山田君）

 今回のケースはエンジニアチームの書いたプログラミングコード数と営業チームの売上が正規分布に従うということなので、2つの正規分布の図を描こう。エンジニアチームの平均が26万行なので、真ん中は26として標準偏差は8と書いておこう。営業チームの平均

が1500万円で1500なので、真ん中は1500で標準偏差は400か。

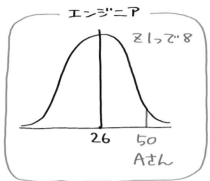
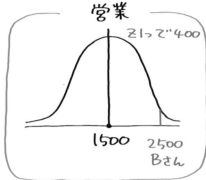

 ここでAさんはエンジニアなので、エンジニアチーム全体の図の中で50のところに位置するということか。そしてBさんは営業なので、営業チーム全体の図で2500のところに位置する。どちらも昇進を考えられているということだけあって、平均より大幅に数値が高い、活躍している人と言える。

じゃあどちらの方がよりすごいか。うーん。まずわかっていることとしては、どちらの図も正規分布を前提としている。つまりどちらの図も面積は同じということか。ということは、このAさんよりも外側にある部分の面積と、Bさんよりも外側にある部分の面積が、その人よりもすごい人が出てくる確率みたいなものを表しているんじゃないかな。つまりAさんよりも書いたプログラミングコード数が大きい人や、Bさんよりも営業売上が大きい人。この数字はどちらも％なので、すごい人が出てくる確率という観点で比較すれば、同じ単位で比較できるってことじゃないだろうか。

前回計算したZと同じ計算方法で、まずはAさんの書いたプログラミングコード数が平均からどれくらい離れているのかを計算し

てみよう。

（50−26）／8＝3

Aさんは平均から3標準偏差分、外側にいる。
それに対してBさんは

（2500−1500）／400＝2.5

Bさんは平均から2.5標準偏差分、外側にいる。

Aさん以上の成績を出す人が現れる確率、つまりAさんより右側
の部分の面積は標準正規分布表よりZ＝3.00が.4987 なので50%
−49.87%＝0.13%

Bさん以上の成績を出す人が現れる確率、つまりBさんより右側
の部分の面積は標準正規分布表よりZ＝2.50が.4938なので50%−
49.38%＝0.62%

つまりAさんの方が希少価値が高いと言えるってことかな。
よし、これで部長に報告しよう！！

（次の日…）

部長、昨日いただいた問題に関してご報告できないでしょうか？

はい、どうぞ。

昇進させるべきはエンジニアのAさんだと思います。標準偏差で
言うとAさんが3.00個分、Bさんが2.50個分だから、Aさんの方

が希少価値が高いという判断です。

山田君。すばらしい！　大正解です。よく頑張りましたね。　ちなみに山田君、100万人に1人の逸材という言い方は聞いたことあるかな？

はい。ありますね。

じゃあ、ここでいうエンジニアのAさんと営業のBさんは、それぞれ何人に何人の逸材ということができると思う？

うーん…。

Aさん以上の成績を上げる人の確率は0.13%だったね。つまりそれは1.3 ／ 1000と表せる。なのでAさんは1000人に1.3人の人と言えるんだよね。ちなみにBさんは1000人に6.2人の逸材と言える。

なるほど！　そうですね。どちらも逸材には変わりないけど、相対的にAさんの方が希少価値が高いので昇進させるのはどうか？ということは言えそうですね。

もちろん現実世界での昇進となると、様々な条件が関係してくるので単純には言えないし、すべての母集団の人を平等に採用できるわけでもないなど、細かな点を言い出したらキリがない。けれど、異なる性質の情報を同じ軸で評価できるという、標準偏差の1つの活用事例だね。

なるほど。使い方のイメージが湧いてきました。部長、ありがとうございます！

t分布とは？

 ところで、1つ気になったことがあったのですが。

 なにかな？

 このエンジニアAさんと営業Bさんの比較の時に、エンジニアチームは10人で、営業チームは100人いるんですが、これは同じように比べてよいのでしょうか？

 いい着眼点だね。ちなみにチームの人数が違った場合はどうなると思う？

 うーん。なんか、同じ基準では見られないような感じなのかな。

 ほう。どうしてそう思うのかな？

 感覚的な意見なのですが、例えばデータが10個しかない時の平均とか標準偏差と、100個ある時の平均や標準偏差って、なんだか意味が違うような気がします。100個に比べて、10個しかない時って、正確に分析できるのかどうか不安というか。例外的なデータだけを手元に持ってしまっているリスクが高まるような…。

 すばらしい感覚だね。では、そのあたりを理解するためにこの問題を考えてみよう。

 問題⑥　1日だけの遅刻と25日間の遅刻、どちらが状況は悪い？

今回の問題で1つ仮定したいことは「精神状態が不安定になると遅刻が増える」ということ。これは現実ではすべてのケースがそうとは言えないけれど、今回は成り立つものとして仮定します。その場合、

① 1日だけ5分間遅刻をしてきたケース
② 25日間毎日遅れ気味で平均の遅刻が5分だったケース

のどちらが「精神状態が不安定になって遅刻が増えている」という状況になっている可能性が高いと思いますか？

感覚的には、②のケースの方に感じますね。①のケースは今日1日遅刻しただけなので、それをもってその人がいきなり気持ち的にまいっているというようには感じられないような。

そうだね。つまり、多くのデータから導かれた結果と少ないデータから導かれた結果とでは、多くのデータから導かれた結果の方が仮定が成立している蓋然性が増すように感じるし、少ないデータだと仮定が成立する蓋然性が下がるように感じる。この感覚は、統計的に証明することができる。そのことについて、t分布に関して話す中で説明していこう。

お願いします！

最初に、t分布とはなにかを説明します。t分布を定義すると、

正規分布に似た確率分布で、サンプルサイズと分布の関係を示している確率分布のこと

と言えます。t分布は、

標本のサンプルサイズから母集団の分散がどのように変化するかを推測する

時に使います。サンプルサイズが多い時（30個以上がよく用いられる基準）は正規分布を使い、サンプルサイズが少ない時はt分布を使うと覚えておけばよいです。以下のt分布のグラフは、t分布とサンプルサイズの関係を、サンプルサイズごとにグラフとして表したものです。黒の線がこれまで解説してきた正規分布（標準正規分布）で、正規分布から赤い線になるに従って、サンプルサイズが減っていくグラフになっている。そして赤いグラフに近づくほど、平均から離れた場所に位置するデータが増えていくことがわかるよね。

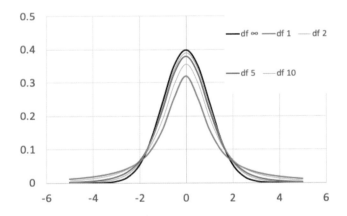

つまり、

サンプルサイズが多い時の平均に比べて、サンプルサイズが少ない時の平均は母集団の平均から離れるケースが多くなる

ということを意味しているんだ。そして、サンプルサイズが少ない場合に誤った判断をしてしまうことのないように、t分布を使ってあらかじめその可能性を加味しておくことができる。

なるほど！

それから、グラフの右上のdfと書かれている数値を自由度（degree of freedom）と呼びます。例えばdf＝1は「自由度1の時」、df＝5は「自由度5の時」と読むことができる。自由度は「ある変数において自由な値をとることのできるデータの数」と定義されています。自由度を割り出す方法はちょっと難しいので、ルールとして

t分布の自由度dfはサンプルサイズ－1になる

と覚えておけばまずはOK。t分布の計算では、標本平均を使うと決まっています。例えば標本平均が50でデータ数が5つの場合、最初の4つのデータが決まると最後の5つ目のデータは自動的に決まってしまうよね。48,52,50,55ときたら、最後は45じゃないと平均50にならないからね。だから、この場合に自由な値をとることができるのは

　　サンプルサイズの5－1＝4

ということになる。ここではこの「4」が、「t分布の自由度」ということになります。

グラフの見方は、標準正規分布を見てもらった時とほとんど同じです。真ん中の0が平均で、真ん中から左右に離れる時に前回はZを用いたけれど今回はそれがtになる。tは、ここではサンプルサイズが

少ない時の散らばりの単位で、標準偏差みたいなものくらいに考えておけばOKかな。つまり平均から標準偏差（みたいなもの）で何個分離れた時の可能性がどれくらいあるかということを示している。

赤い線のグラフが自由度1で一番サンプルサイズが少ない時なんだけど、平均の時の可能性が少なく（つまり山の真ん中が潰れていて）、平均からt（標準偏差みたいなもの）が4つ離れている時でも、まだグラフがX軸つまりY＝0に重なっていないことがわかるかな？　つまりそれは、t＝4の時でも確率が数パーセント残っているということです。

確かに。黒いグラフだとt＝4の位置でほとんどX軸、Y＝0の線と一致してますが、赤いグラフだとt＝4の位置でも赤い線はまだX軸とは一致しておらず、幅がある。つまり確率が0％に限りなく近い状態ではなくなっていますね。

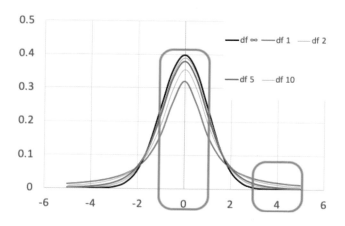

そう。つまりサンプルサイズが少ないと、平均から離れていることが起こる可能性が高くなる。テストの点数で言うと、平均が50点でもサンプルサイズが2人だったら、100点や0点をとる人がい

る可能性も考えないといけない。

さっきの遅刻の例に戻ると、サンプルサイズが少ない時は、仮定として設定した「精神状態が不安定になって遅刻が増えている」という以外の理由も考えないといけないし、逆にサンプルサイズが増えても遅刻が続いているのなら、仮定以外の理由で遅刻が続いているということは考えづらくなる。

 なるほど。感覚を統計的に説明するとそういうことになるんですね。

 そうだね。次の図は、1から無限大までのすべての自由度を含むt分布と、自由度が無限大の場合の標準正規分布を比較した図になります。

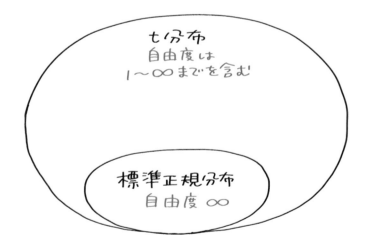

 このように、標準正規分布というのは「自由度が非常に多い」という条件を満たした場合のt分布である、ということになります。一方のt分布は、P.96のグラフのように自由度が1から無限大までをとりながら変化していきます。

t分布を使った計算問題

さて、それじゃあt分布の考え方を使って例題を1つ解いて、確率分布の基礎は終わりにしよう。

 問題7 サンプルサイズが16個の時に標準偏差400万円、平均800万円のデータがあった場合、「X万円以上の売上の数値が出る確率は5%」を満たすXは何？

今回は、「サンプルサイズがきちんと揃っている」「標準正規分布に従う」といった仮定は気にしないことにする。そしてこれらの仮定がない場合は、「ある確率以下」と言うために平均から離れる量が、サンプルサイズに応じて変化していくよ。

例えば平均が50点で、「サンプルサイズが10の時に5%以下」という場合と「サンプルサイズが100の時に5%以下」という場合とでは、平均から離れる標準偏差（のようなもの）の量が前者の方が大きくなる。じゃあサンプルサイズによってどれくらいの程度平均から離れていたらよいか？ を表しているのが、下記のt分布表になります。

● t分布表

v	α				
	0.1	0.05	0.025	0.01	0.005
1	3.078	6.314	12.706	31.821	63.657
2	1.886	2.92	4.303	6.965	9.925
3	1.638	2.353	3.182	4.541	5.841
4	1.533	2.132	2.776	3.747	4.604

5	1.476	2.015	2.571	3.365	4.032
6	1.44	1.943	2.447	3.143	3.707
7	1.415	1.895	2.365	2.998	3.499
8	1.397	1.86	2.306	2.896	3.355
9	1.383	1.833	2.262	2.821	3.25
10	1.372	1.812	2.228	2.764	3.169
11	1.363	1.796	2.201	2.718	3.106
12	1.356	1.782	2.179	2.681	3.055
13	1.35	1.771	2.16	2.65	3.012
14	1.345	1.761	2.145	2.624	2.977
15	1.341	1.753	2.131	2.602	2.947
16	1.337	1.746	2.12	2.583	2.921
17	1.333	1.74	2.11	2.567	2.898
18	1.33	1.734	2.101	2.552	2.878
19	1.328	1.729	2.093	2.539	2.861
20	1.325	1.725	2.086	2.528	2.845

 t分布では、自由度によって分布の形が変化します。なので標準正規分布表とは少し見方が異なります。t分布表には次のような図が書かれていることが多く、

自由度がvであるt分布で、図の青の斜線部分の面積がαになる時のtの値とvの値の関係

を示しています。

101

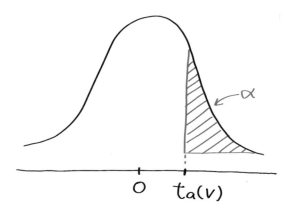

$$t_\alpha(v)$$

 例えばサンプルサイズが6個の時、自由度vは6-1で5になります。その時に90%の可能性がある、言い換えるとその範囲を超える可能性が10%存在する範囲は、平均から1.476個分のt値が必要になる、という読み方をします。

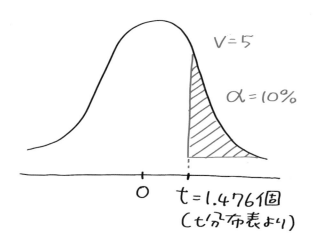

$v = 5$

$\alpha = 10\%$

$t = 1.476$個
(t分布表より)

● t分布表

ν	α				
	0.1	0.05	0.025	0.01	0.005
1	3.078	6.314	12.706	31.821	63.657
2	1.886	2.92	4.303	6.965	9.925
3	1.638	2.353	3.182	4.541	5.841
4	1.533	2.132	2.776	3.747	4.604
5	**1.476**	2.015	2.571	3.365	4.032
6	1.44	1.943	2.447	3.143	3.707
7	1.415	1.895	2.365	2.998	3.499
8	1.397	1.86	2.306	2.896	3.355
9	1.383	1.833	2.262	2.821	3.25
10	1.372	1.812	2.228	2.764	3.169
11	1.363	1.796	2.201	2.718	3.106
12	1.356	1.782	2.179	2.681	3.055
13	1.35	1.771	2.16	2.65	3.012
14	1.345	1.761	2.145	2.624	2.977
15	1.341	1.753	2.131	2.602	2.947
16	1.337	1.746	2.12	2.583	2.921
17	1.333	1.74	2.11	2.567	2.898
18	1.33	1.734	2.101	2.552	2.878
19	1.328	1.729	2.093	2.539	2.861
20	1.325	1.725	2.086	2.528	2.845

これをヒントに山田君、問題⑦ を解くことができるかな？

この問題も、正規分布と同じようにカーブを書いた方がよいような気がしますが正しいですか？

山田君、さすが。正解です。

となると、こんな図が描けるんですかね。サンプルサイズは16なので自由度はマイナス1して15。緑が5%になるためにはvが15のところと α＝5%＝0.05の交差するところのtを見ればよいので、t分布表よりt＝1.753個分平均から離れることが必要だとわかる。t1個は問題の定義から400と考えるのかな？　なので

X＝平均+t*1.753
X＝800+400*1.753
故にXは800+701.2＝1501.2万円

ってことになるのでしょうか？

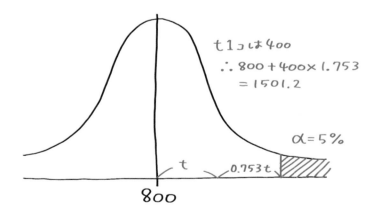

山田君いいね。ただ、実はこれだとまちがいになる。少し難しい内容になるのでここでは理解できなくても構わないけど、ひとまずtの定義の数式を見てみよう。

$$t = \frac{X - Ave}{\frac{z}{\sqrt{n}}}$$

これはちょっとわかりづらいけど、実は以前の問題（P.86）で出てきた

「(X-平均値) を標準偏差1個分で割る」をサンプルサイズの平方根でさらに割ったもの

という計算をしているんだ。

分母の一番下に、$\sqrt{n}$ があるよね。t値の計算は標準誤差と呼ばれるもので、標準偏差をサンプルサイズnで調整したものになる。ここは少し発展的な内容なので詳しくは説明しないけど、t値を計算するときはこの調整が必要になると覚えておいてください。これを解くと、今回求める値になる。

$$1.753 = \frac{X - 800}{\frac{400}{\sqrt{16}}} \quad \leftarrow \text{t値の定義の式にそれぞれ今回の数値を代入}$$

$$1.753 = \frac{X - 800}{100} \quad \leftarrow \sqrt{16} = 4 \text{ で } 400 \div 4 = 100$$

$$175.3 = X - 800 \quad \leftarrow \text{両辺に100をかける}$$

$$X = 175.3 + 800$$

$$X = 975.3$$

山田君は正規分布の考えそのままにt1個が400、つまり標準偏差と考えて計算したよね。でも、tは定義からサンプルサイズを加味した標準偏差、つまり標準誤差を用いる必要がある。その値は、標準偏差をサンプルサイズの平方根で割ったものになる。そこで今回は、

$$400/\sqrt{16} = 100$$

を代入する必要があるということになるね。図で描くと、このようになります。

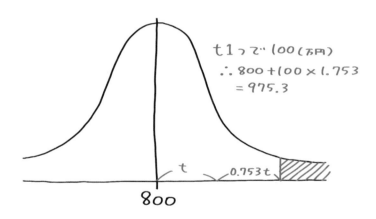

t分布のt値は、z値の考えをベースにサンプルサイズの調整が必要ってことですね。

その通り。サンプルサイズが少ない時は、平均から多くの標準偏差分離れていないと、それ以下や以上のことが起きる可能性は少なくならない。つまりサンプルサイズが少ないと、平均より離れたことが起きる可能性、例えば平均よりとても小さいとか、大きいとかいったことが起きうると考えておかなければならない。これは、数が少ない時はそんなに信じちゃいけないんじゃないかと

いう直感とも一致するよね。

そうですね。部長、これは、分析チームの目的である売上を上げる営業パーソンの要素を探すのに使えそうな気がしてきました。

どういう風に使えると思う？

うーんと…すいません。まだうまく説明できないです。

入社前にデータを取れる各要素が、売上に関係する程度を計測できたとする。そしてその関係の強さを予想した場合、例えば強さの平均が0だったら、その要素は関係していない。反対に、得られた平均とその散らばりである標準偏差からその強さが0になる可能性がすごく低いと言えれば、関係している強さが0であることはない。つまり？

その要素は、売上と関係している可能性が高いと言えるってことでしょうか？

そうだね。その要素どうしの関係を知るためには、相関について理解することが必要になる。さあ、働き方改革を推進している労務部長から怒られてしまうから、今月はもう残業なしでお願いしますよ。しっかり帰って、リフレッシュして。また明日から頑張ろう！

はい！

標本抽出の方法

P.55で解説しきれなかった標本抽出の方法には、次のようなものがあります。

参考① 層別抽出法

母集団を「都道府県」や「年代」などの層で分け、層ごとに単純無作為抽出法を行う。

例）標本1800人で1.2億人の全国民を推測する。埼玉県の人口を700万人とすると、

$$7,000,000 ／ 120,000,000 = 0.058$$
$$1,800 * 0.058 = 105$$

で、埼玉県からは105名の標本を取得する。同様の方法で、47都道府県ごとの標本数を決定する。

参考② 二段抽出法

母集団を2段階で抽出する。例えば「都道府県」で無作為に抽出し、抽出された都道府県の中から単純無作為抽出をする。

例）47以下の乱数を10個発生させて都道府県を選択する。その後、その地域の中で単純無作為抽出を行う。1段階目で抽出された標本分の名簿だけ用意すればよいため、必要な標本名簿が少なくてすむという利点がある。

参考③　多段抽出法

母集団を複数の段階で抽出する。例えば「都道府県」で無作為に抽出し、抽出された都道府県の中から「市区町村」で無作為に抽出し、その中から単純無作為抽出をする。

例）47以下の乱数を10個発生させて都道府県を選択する。その後、その中で市区町村の数以下の乱数を10個発生させて市区町村を選択する。その地域の中で単純無作為抽出を行う。必要な標本名簿が少なくてすむという利点がある。

第2章まとめ

- ☑ 少ないデータから多くのデータを推測することができるのが推測統計
- ☑ 推測統計は確率分布という前提に当てはまるという仮定を置く
- ☑ ヒストグラムを作成することで仮定が正しいか検証する
- ☑ 代表的な確率分布が標準正規分布
- ☑ サンプルサイズによって分布を変化させるのがt分布
- ☑ 標本のデータから母集団のデータがどれくらいの範囲に入るかを推測することで、平均だけにとどまらない予測ができるようになる

第 **3** 章

相関

売上を
上げているのは
どんな要素を
持った人？

　ラーメンのスープをヒントに、標本と母集団の考え方と推測統計について理解した山田君。確率分布の代表格である正規分布を使って、平均と標準偏差からある事象がどれくらいの頻度で起こるかを数値的に分析できるようになりました。またt分布について学ぶことで、サンプルサイズが分析に大きな影響を持つことを理解しました。この章で山田君は、入社前のデータと、入社後の売上との間にどのような関係があるかを分析していきます。そのためには、「相関について理解することが必要」と部長は言うのでした。

contents

第3章

相関

売上を上げているのはどんな要素を持った人？

問題❶　年収3,000万円の人は年収500万円の人の9.5倍本を読んでいる？このケースでの年収と読書量の関係

問題❷　1つ100万円の商品が5個売れると売上は500万円になる。このケースでの個数と売上の関係

問題❸　幸福度が上がると起床時間が早くなると言われている。このケースでの起床時間と幸福度の関係

問題❹　A社では、年齢のみによって給料が決定される。このケースでのA社での給料と年齢の関係

相関とは？

部長は昨日、「相関」と言っていたな。よし、とりあえず相関の意味を調べてみよう。

🔍 相関

2つの確率変数の間にある線形な関係の強弱を測る指標である。相関係数は無次元量で、−1以上1以下の実数に値をとる。相関係数が正の時、確率変数には正の相関が、負の時、確率変数には負の相関があるという。また相関係数が0の時、確率変数は無相関であるという。（Wikipediaより）

な、なんか難しいな…。あ、だけどグラフを見るとわかりやすいぞ。正の相関では片方のデータが増加する（減少する）と、もう片方も増加する（減少する）。負の相関では片方のデータが増加する（減少する）と、もう片方は減少する（増加する）。無相関では、2つのデータの間に対応関係がないのか。それから相関の度合いを表す数字として-1から+1までの相関係数というものがあって、相関係数が正の数だと正の相関、負の数だと負の相関があるんだな。

● **正の相関**

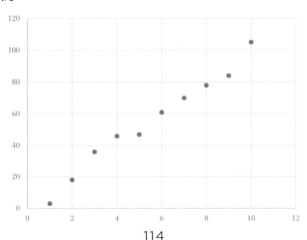

● 負の相関

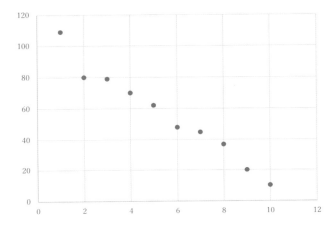

● 無相関

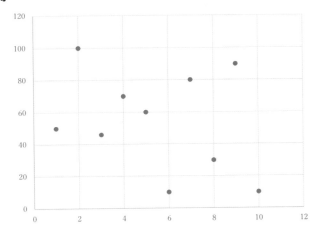

この図は面白いな。グラフの中に打ってある点が線になればなるほど、傾きとは関係なく相関係数は絶対値で1に近づくし、逆に線ではなくてデータがグラフの中では散らばるような形になると相関係数は0に近づいていく。Uみたいな形や輪になると、相関は0になるんだな。

● 散布図とその相関係数の一覧図

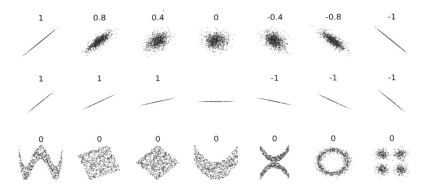

（出典 Wikipedia）

 部長が相関を調べろといった意味がわかってきたかもしれない
ぞ。僕たちのチームの目的は、

> 「活躍する営業は採用時にどんな要素を持っているか？　を
> 可視化する！」

> 「具体的なゴール：面接終了後にわかっているデータ（例：
> 面接の点数、適性検査のスコア、起業経験の有無など）から、
> なるべく活躍する可能性が高い人を採用する意思決定に役立
> つモデルを作る」

ということだった。だから、

- 活躍する営業パーソンの活躍度合い、つまり売上データ

と

- 面接終了時のデータ

の相関がわかればいいということだ。けれど、将来の売上データと面接時のデータとの間にどんな関係があると言えるんだろう？

 おはようございます～。

 部長、おはようございます。相関について、一応いろいろ調べました。そして部長が相関を調べろと仰った理由もわかったように思います。

 おー。それは頼もしいね。ちなみに、なんで私が調べてと言ったと思うかな？

 我々のチームの目的を達成するためだと思いました。面接終了時にどんな特性を持っていたらよいかを明らかにするには、活躍の度合いに関連する数値を見つければよいのですよね。その数値が高い人を採用すればよいですし、その数値を高めるトレーニングをすれば売上が上がっていくはずですよね。

 山田君。確かに山田君の言うことは一部あたっているかもしれないけど、ちょっと相関と因果というものがごっちゃになっている可能性があるね。相関は調べたようだけど、因果は調べたかな？

 い、いや調べていないです。

 わかりました。業務開始までまだ時間があるし、今日は午前中は予定がないので、そのあたりを少し説明するね。

 ありがとうございます！

相関と因果の違いを知る

 まずは因果という言葉の意味を知っておこう。

🔍 **因果**

因果（いんが）は、原因と結果を意味する用語。ある事象を惹起させる直接的な原因と、それによってもたらされた事象。一般には、事象Aが事象Bをひき起こす時、AをBの原因と言い、BをAの結果と言う。この時、AとBの間には因果関係があると言う。（Wikipediaより）

 データ分析においては、この定義の中の「直接的な原因」という点が大事です。関係があるだけで直接的な原因かどうかがわからない場合は相関、直接的な原因がある場合は因果となります。と言ってもわかりづらいと思うから、まずは練習問題をやってみよう。繰り返しになるけど、「直接的な原因になっている」なら因果、そうじゃなく「関係しているだけ」なら相関と答えてください。

 はい！

 それでは 問題❶ 。「年収3,000万円の人は年収500万円の人の9.5倍本を読んでいる」とかって聞いたことあるかな？ このケースでの、年収と読書量の関係は相関と因果どちらでしょう？

 うーん。読書は直接的な原因とまでは言えない気がするので、これは相関でしょうか？

 ファイナルアンサー？

（部長のこのノリ、若干顔が怖いんだよな…）ファ、ファイナルアンサーです。

……正解！　直接的な原因だとしたら、例えば本を10.5倍読めば年収3,500万円になり、11.5倍読めば年収4,000万円になるということだけど、そういうわけではないよね。

なるほど。確かに大枠では関係があるけれど、必ずそうなるというわけではない。それが相関のイメージですね。

よし、では次の 問題❷ 。1つ100万円の商品が5個売れると売上は500万円になる。このケースで個数と売上の関係は、相関と因果どちらでしょうか?

これは直接的に関係している、つまり個数が売れればそのまま売上が上がるので因果でしょうか？

正解！　いいね、その通り。それではこのまま 問題❸ 。幸福度が上がると起床時間が早くなると言われていますが、このケースで起床時間と幸福度の関係は相関と因果どちらでしょうか？

これは、因果かな。

山田君。起床時間がめちゃくちゃ早い人って、誰かイメージ沸きますか？

え、うーんと、無理やり考えるなら、完全に主観的なイメージですが例えばお寺のお坊さんとか早起きなイメージがありますね。

お坊さんは必ず幸せと言えるかな？

もちろん不幸ではないケースが多いように思いますが、必ずかどうかはわかりませんし、そもそも幸せって測れるんですかね。ということは、そうか。これは因果ではなくて相関になるんですかね。

その通り。直接それに関係がない（ことが多い）ケースの場合、それは相関になります。最後に 問題❹ はどうかな？ A社では、年齢のみによって給料が決定される。このケースで、A社での給料と年齢の関係は相関と因果のどちらでしょうか？

これは年齢でしか決まらないので、直接関係があるということで因果ですかね。

正解！ ではいったんここで、問題と回答を整理してみよう。

問題❶ 年収3,000万円の人は年収500万円の人の9.5倍本を読んでいる。このケースでの年収と読書量の関係
答え 相関関係

問題❷ 1つ100万円の商品が5個売れると売上は500万円になる。このケースでの個数と売上の関係
答え 因果関係

問題❸ 幸福度が上がると起床時間が早くなると言われている。このケースでの起床時間と幸福度の関係
答え 相関関係

問題❹ A社では、年齢のみによって給料が決定される。このケースのA社での給料と年齢の関係
答え 因果関係

ここまで学んできて、さっき山田君が言ったことについてどう感じる？

なるほど。部長の仰りたいことの意味がわかりました。確かに先ほど私が言った「その数値が高い人を採用すればよいですし、その数値を高めるトレーニングをすれば売上が上がっていくはずですよね。」というのは、相関と因果を混同していますね。関係はあるかもしれないけど、直接的にあるとは限らない。

 その通り。すばらしい振り返りだね。データ分析を進めていくと、どうしてもある事象の間に因果があると考えたり、因果があるものとして施策を決めたりしてしまう。そんな時は、「それは本当なのか？」とか「直接的な関係はあるのか？」という観点を持つことが大事です。
もう少し説明を続けると、相関と因果の関係を整理した下記の図を見てほしい。この図にあるように、因果関係は相関関係の1つの要素として表すことができます。噛み砕いて言うと、

相関関係がなければ因果関係はない。
ただし相関関係があるからといって因果関係がある
とは限らない。

ということです。

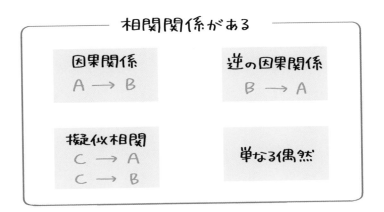

相関関係には、

   ① 因果関係があるケース

以外に

   ② 疑似相関があるケース
   ③ 逆の因果関係があるケース
   ④ 単なる偶然のケース

の3つのパターンがあり得て、それぞれがどういうものなのかを知っておく必要があります。

 なるほど。知りたいです！！

 うーんと山田君…私ハンバーガー大好きなんだけど、山田君も好き？

 は、ハンバーガーですか。唐突ですね。もちろん大好きです。大学時代にハンバーガーとチーズバーガーを合わせて10個食べたことあります。

 それはすごいね。じゃあちょっとランチタイムには早いけど、今から一緒にハンバーガーを食べに行こうか！

 え、わかりました。

シェイクと電力

 ここのお店のハンバーガーは美味しいよ。関東には10店舗くらい展開しているけど、こだわっていて。ハンバーガー以外に、私がとっても気に入っているのがシェイクなんだ。

 おー部長、甘いものお好きなんですか？

 もちろん。特にこのお店が出しているバニラとチョコとイチゴを混ぜた特注シェイクは、めちゃくちゃ最高。とんでもないカロリーだから、たまにしか飲めないんだけどね。

 私も学生時代は、練習の後は甘いものが最高の癒しでした。シェイク最高ですね。注文しましょうか。

（シェイクを受け取る2人）

 う、うまい！！　いやーよく冷えていてしかもこれは美味しいですね。甘すぎないけどしっかり味がして。

 そうだろう。特に考えすぎて脳が疲れている時とか最高なんだよね。

123

脳にエネルギーを送って、もっと考えないと。

 さて山田君。脳にエネルギーが来たところで問題。

 （えっまだハンバーガー頼んでないけど）はい。

 山田君が電力会社の社員だったと仮定します。

 仮定。はいわかりました。

 そこで、このお店のシェイクの売上と、関東地方の電力消費量との間に強い正の相関があることがわかった。つまり、シェイクが売れれば売れるほど電力消費量が上がったという事実がわかったと仮定する。

シェイクの販売数　　　　　**電力消費量**

データを調べるとシェイクの販売数と電力消費量に相関があった！

 なるほど。そこまでは理解しました。

 そこで、山田君の電力会社の上司がこんなことを言ってきたらどうする？

「電力の供給が限界にきているので、電力消費を抑えなければいけない。そのために、ハンバーガーチェーンでシェイクを販売するのをやめさせてこい！」

うーん、それはおかしいだろって思いますね。

それはなぜかな？　2つの間には強い正の相関があるんだよ。

相関はあるけど、因果はないパターンなのかなと思います。それ以上に、ただ暑かったからシェイクも売れたし、エアコンの使用量が高まって電力も消費されただけなのかなと。つまり気温が下がらない限り、たとえシェイクの販売をやめたとしても電力消費の問題は解決されない。

山田君、なかなか鋭いね。そうやってちゃんと言葉にして説明ができる人は、なかなか多くない。そうなんだよね。今回のハンバーガーチェーン店のケースでは、気温とシェイクの売上、気温と電力消費量の間に正の相関があっただけなんじゃないか。だから

シェイクの売上を下げても電力消費量は下がらないので「それはおかしいだろ」って思ったわけだよね。

そうですね。

このケースでのシェイクの売上と電力消費量のように、一見相関しているように見えて相関していないものを、疑似相関と呼びます。またこのケースでの気温のように、今回用意されたデータの中で観測できていない隠れた変数のことを、潜在変数と呼んだりします。

確かに、「相関しているように見えて実はしていない」という感覚と「疑似」っていう言葉は関連づけてイメージしやすいですし、「隠れている変数」という意味で潜在という言葉はしっくり来ますね。

そうだね。では、もう一度最初の図に戻ってみよう。

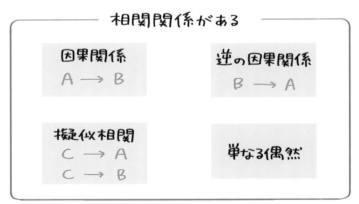

繰り返しになるけど、AとBの間に直接的な関係がある時、それは「因果関係がある」と言える。次に、疑似相関は理解できたよね。

シェイクと電力消費量で、その裏に気温が隠れているような事例。
この図では「C→A」「C→B」の「C」が気温に相当する。

はい。

では、次に逆の因果を考えてみよう。先ほどのシェイクの例だと、
気温が上がるからシェイクが売れるって考えたよね。

そう考えていたと思います。

それでは、反対にシェイクが売れているから気温が上がるみたい
なケース。つまり「気温→シェイク」ではなくて「シェイク→気温」
という関係があるってことはないだろうか？

えーっと。うーんと。シェイクの消費量がものすごく多い国であ
れば、シェイクを作るのに温度が上がっちゃうとか、あるのか
な？？

山田君、それはない！！　けど、もしかしたらそうなるかもと可
能性を考えられるのはとても大切なことです。もしかしたら逆の
原因と結果になっているんじゃないかと疑って考えることは、
データ分析ではとても大切な観点です。

（ないって、せっかく無理矢理答えたのに！）わ、わかりました。
メモしておきます！

✏️ **データ分析では、因果と相関、疑似相関、因果の関係でどちらが原因**
でどちらが結果なのかをきちんと整理しておくことが大切。

因果と相関の説明の最後に、このグラフを見てください。

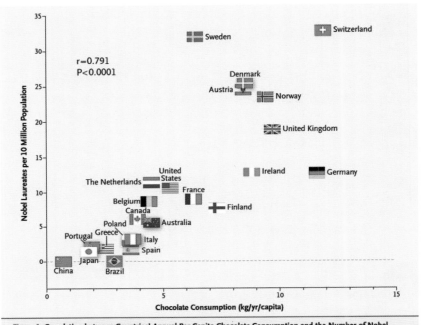

Figure 1. Correlation between Countries' Annual Per Capita Chocolate Consumption and the Number of Nobel Laureates per 10 Million Population.

出典： https://www.businessinsider.com/chocolate-consumption-vs-nobel-prizes-2014-4

これは何でしょうか？　英語を読むと、X軸がチョコレートの消費量で、縦軸がノーベル賞がなんとかパー 1000万人だから…。

山田君は、そんなに英語は得意じゃなかったね。X軸は正解です。厳密に言うと人口1人当たりの年間のチョコレートの消費量をkgで計測したもの。Y軸は、人口1000万人あたりのノーベル賞受賞者数を測ったものです。これを見ると、チョコレートをたくさん食べている国であればあるほどノーベル賞受賞者数は多いということがわかる。

そうなんですね。チョコレートを食べるのは脳の働きにはよいと思いますが…。とはいえノーベル賞獲得のためにみんなでチョコレートを食べましょうとか、チョコレートを食べる国家施策を文部科学省が始めた、とかはなかなかならないような気がしますね。ネットの面白フェイクニュースとかにはありそうですが。

山田君の感覚に私も同意します。これは複雑な因果が絡みあってこのような結果が出ている可能性もありますが、結局はよくわからず、単なる偶然とされることが多いです。なので、相関があるように見えても単なる偶然というケースもあり、先ほどの相関関係の図の中でどの関係性にあたるのかは、分析者の感覚が大変重要になるんだよね。主観的な感覚で仮説や検証をしながら、同時に客観性を維持しながらデータを見ていくという、一見矛盾した行為を取らないといけないのがデータ分析の難しさだね。

思い込みで突っ走ってはいけないということですね。

それじゃあ相関と因果の整理はこれくらいにして、次は相関関係がある場合に、その相関はどれくらいなのか？　強い相関なのか、それとも弱い相関なのか？　ということについて説明していきます。

相関係数
〜どのくらい相関しているのかの度合い

相関関係がある場合に、どのくらい相関しているか？　の度合を示す値のことを、相関係数と呼びます。山田君、相関係数ってすでに調べたかな？

はい。相関係数は2つのデータの関係性を示す指標で、-1から+1

の値をとるんですよね。片方の数が増える（減る）と、もう片方の数が増える（減る）関係を+1側の正の相関、片方が増える（減る）ともう片方が減る（増える）関係を-1側の負の相関と呼びます。

そうだね。ちなみに相関係数は絶対値が0.4以上あれば相関があり、絶対値が0.7以上あれば強い相関があると整理することもあるよ。これは1つの大まかな基準として覚えておいてね。
では相関係数が-1〜+1になる場合に、それぞれどんなデータの集まりになるかを示すと、こんなイメージになる。すでに見ているかもしれないけど、これを見てどう思う？

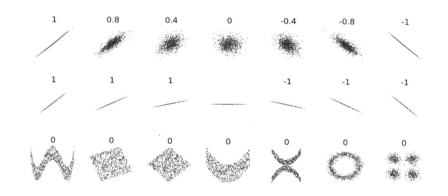

データの集まりが右肩上がりの時、つまり一方のデータが増えればもう片方も増える時は相関係数が正（＋）で、右肩下りの時、つまり一方のデータが減ればもう片方が増える時は相関係数が負（-）になるんですね。

そうだね。

面白いのは、2列目の相関係数の絶対値が1の図ですね。データの集まりの傾きが変わっても、データの散らばりが少なければ相関

は絶対値1になるということですね。また、データが均質に散らばっていくと相関は0になっていくんですね。

「均質に」っていうのはどういうこと？

えっと…言語化すると、左右対称とかですかね。例外もあるので、線対称（ある線を基準に左右対称になる）および点対称（ある点を中心に対象になる）になっていることを「均質」と表現しました。

すばらしい視点だね。データ分析をする時に、今回の相関係数を導き出すことは結構ある。その時、この図にある「相関が-1,-0.8,-0.4,0,0.4,0.8,1の場合」を出発点として、

おおよそこれくらいの相関係数の場合に、そのデータを図示するとどのように散らばるか？

というイメージを持っておくと、計算や分析でまちがったことをしていた時に気がつくきっかけになる。上のような図のイメージを頭の片隅に入れておくといいよ。

ありがとうございます。早速メモしておきます！

相関を求める時は相関係数の数値だけでなく、その相関係数の時にデータを図示するとどのように散らばるかを頭に入れておくとよい。

よし。それではエクセルを使って相関係数を計算して、相関の勉強はいったん終わりにしよう。

エクセルで相関係数を計算しよう

ここに、相関を計算するためのデータを用意しました。IDごとに、それぞれの人の「適性検査の点数」「IQテストの点数」「面接の点数」と「将来の売上」が入っている。ここで「将来の売上」を予測したいという場合に、「将来の売上」は「適性検査」「IQテスト」「面接」のどの数値と相関しているのか？　またその度合いはどれくらいなのか？　を相関係数を用いて計算してみよう。

	A	B	C	D	E	F
1	ID	適性検査	IQテスト	面接	将来の売上	
2						
3	1001	8	85	55	900	
4	1002	7	90	70	1000	
5	1003	4	95	70	500	
6	1004	2	90	65	700	
7	1005	3	80	15	800	
8	1006	10	45	65	1500	
9	1007	10	80	70	1200	
10	1008	9	55	50	1400	
11	1009	5	75	75	1200	
12	1010	3	90	80	600	
13	1011	10	35	40	2000	
14	1012	8	90	60	1800	
15	1013	1	80	35	200	
16	1014	5	60	40	1000	
17	1015	7	65	90	1400	
18	1016	6	85	60	1000	
19	1017	10	35	25	2300	
20	1018	10	45	90	2500	
21	1019	2	100	30	500	
22	1020	4	90	30	600	
23	1021	8	65	70	1600	
24	1022	9	45	80	2000	
25	1023	7	45	75	1600	
26	1024	3	75	80	1000	
27	1025	10	55	25	2500	
28	1026	2	100	15	1200	

エクセルで相関を計算するには、correl関数を使う。

132

エクセル関数

correl関数

correl（データセットA,データセットB）と入力すると、データセットA
とデータセットBの相関係数を計算してくれる。

この時、データセットAとBのデータの数が揃っていないと分析
できないので、注意が必要だ。相関を計算する時には

それぞれのデータセットのデータの数が揃っていないといけない

ということを覚えておいてほしい。

今回は「将来の売上」と入社の時に取得した「適性検査の点数」「IQ
テスト」「面接の点数」の相関係数を求めていくので、データセッ
トAが「適性検査の点数」「IQテスト」「面接の点数」。対してデー
タセットBが「将来の売上」になります。営業部の人数分のデー
タが揃っているので、データセットの数も問題ない。

部長、correl関数を使って、まずは「適性検査の点数」と「将来
の売上」の相関を計算してみました。相関係数は0.8174となり、
正負でみるとプラスで閾値絶対値0.7よりも大きいので「正の強
い相関がある」と言えるんじゃないでしょうか。

B2			× ✓ fx	=CORREL(B3:B28,E3:E28)		
◢	A	B	C	D	E	F
1	ID	適性検査	IQテスト	面接	将来の売上	
2		0.8174				
3	1001	8	85	55	900	
4	1002	7	90	70	1000	
5	1003	4	95	70	500	
6	1004	2	90	65	700	
7	1005	3	80	15	800	

正解。続いて、「IQテスト」と「将来の売上」、「面接の点数」と「将来の売上」の相関係数を求めてください。

わかりました。関数をコピー＆ペーストして…。できました！

D2	▼	⋮	×	✓	*fx*	=CORREL(D3:D28,G3:G28)	

▲	A	B	C	D	E	F
1	ID	適性検査	IQテスト	面接	将来の売上	
2		0.8174	#DIV/0!	#DIV/0!		
3	1001	8	85	55	🗐 (Ctrl) ▾ 0	
4	1002	7	90	70	1000	
5	1003	4	95	70	500	
6	1004	2	90	65	700	
7	1005	3	80	15	800	
8	1006	10	45	65	1500	
9	1007	10	80	70	1200	
10	1008	9	55	50	1400	
	1009	5	75	75	1300	

山田君、何かおかしくないかな？

えっと、おかしいですかね？

エクセルの数式の中を見てみて。

はい、C3:C28は「IQテスト」を選べている。あれ？　F3:F28って将来の売上じゃないな。コピペしたのになんでこうなるんだろう。あ、そうかコピペでずれてしまっている。つまり絶対参照できていないんですね。

そうだね。絶対参照はP.31でも出てきたけど、今回の「将来の売上」のように常に参照してほしいセルを固定して計算を行う参照方式のことです。やり方は、WindowsでもMacでも F4 キーを押すと$のマークがアルファベットと数字の前について、その値が固定される。

こんな感じですね。「IQテスト」は相関-0.7632、「面接」は相関0.1026になりました。　ということは、「将来の売上」と「IQテスト」の間には負の強い相関があり、「将来の売上」と「面接」の間にはあまり相関がない、ということでしょうか。

すばらしい！　実は、エクセルのアドイン機能を使うと総当たりの相関を簡単に出すこともできるんです。エクセルで、サンプルファイルの「相関をデータ分析機能で行う練習用」のタブを開いてください。P.60の方法でデータ分析アドインをインストールして、「データ」タブ→「データ分析」の順にクリックすると様々な分析手法が出てくるので、その中から「相関」を選んで「OK」をクリックします。

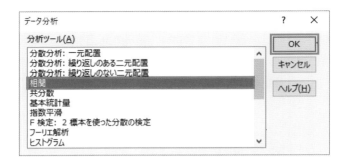

 次に、「先頭行をラベルとして使用」にチェックを入れてください。先頭の行に入っているデータのラベルがそのまま結果に出てくるので、表が見やすくなります。

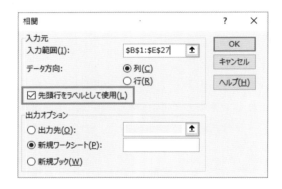

 次に、求めたい相関を全部選択します。今回は「適性検査」～「将来の売上」の全範囲を選択します。全範囲とは、B1セルからE27セルのことです。つまり、IDを除いたデータのラベルから数値までをすべて選択します。そして「OK」をクリックすると…このような相関のマトリックス（総当たり表）が得られる。

	A	B	C	D	E
1		適性検査	IQテスト	面接	将来の売上
2	適性検査	1			
3	IQテスト	-0.71441	1		
4	面接	0.228582	-0.1182	1	
5	将来の売上	0.817429	-0.76322	0.102593475	1
6					

エクセルすごい！！

そうだよね。

この表では、X対Yの相関を出している。例えばX軸の1つ目は「適性検査」で、Y軸の1つ目は「適性検査」。同じものどうしなので、相関はまったく一緒の動きをするから1になる。その下は「適性検査」と「IQテスト」の相関で-0.714。一番下の行の「将来の売上」と「適性検査」「IQテスト」「面接」の相関は、さっき求めた数値と一致しているよね。

なるほど！　ちなみに空欄になっているところがありますが、これは何でしょうか？

…。

なんでだと思うか、ですよね？　失礼しました…。うーんと、空欄になっているのは「IQテスト」と「適性検査」の相関だから、あれ？　逆に「適性検査」と「IQテスト」の相関は出ている。部長、相関ってデータAとデータBの順序で比べた時と、データBとデータAの順序で比べた時とで結果は変わるんですか？

いい質問だね。それは変わりません。

ということは、空欄の理由は「適性検査」と「IQテスト」の相関はすでに書かれていて、総当たり表が斜めの軸を基準として左右対称だからでしょうか？

素晴らしい、大正解！

入社時のデータと将来の売上をグラフにしよう

それでは最後に、「適性検査」と「将来の売上」の関係を図にしたものを見てみよう。

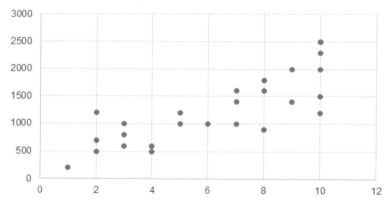

適性検査と将来の売上

山田君、この図のY軸が「将来の売上」で、X軸が「適性検査」の点数です。この図は何の相関があると言えるかな？

えーっと。右肩上がりなので、正の相関があると言えます。

正解！　先ほど相関係数を求めたけれど、この図のように表現してみると、0.81の正の相関がどれくらい点がまとまっているのかをイメージできるよね。慣れてくると、相関係数から点のおおよその散らばりがイメージできるようになる。そうすると反対に、散らばりの形から分析のまちがいに気がつくことができるようにもなります。

なるほど！　相関係数と点の散らばりを結びつけて考えられるようになるんですね。

この図をよく見ると、主観ではあるけれど売上900万円くらいのところに適性検査の点数の高い人（8）がいたり、1200万円くらいのところに適性検査の点数の低い人（2）がいて、この2人は全体のトレンドから少し外れていることがわかるかな？

適性検査と将来の売上

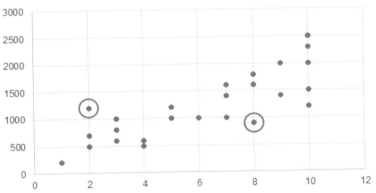

そうですね。右肩上がりの線からは少し外れていますね。

実際の運用では、こういったデータにまちがいがないかとか、なぜこうなったのかを調査するなどして、分析の精度を高めたりもします。だから、データは相関係数のような数値だけを見るんじゃなくて、ちゃんと図にして見てみるのが大事です！

次に、「IQテスト」と「将来の売上」を図にしたものが下記になります。こちらは右肩下がりなので負の相関になっているね。この中で全体のトレンドから外れている人はどれになるかな？

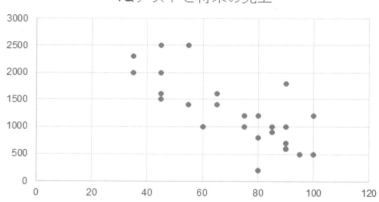

部長、すいません。初歩的な質問なのですが、トレンドって何でしょうか？

確かに、前提を確認せずに進めていた。グッドクエスチョンだね。トレンドというのは、データ全体の大きな傾向のことを指すよ。この図に入れた赤い四角のように、全体の大きな傾向を表している部分のことだね。

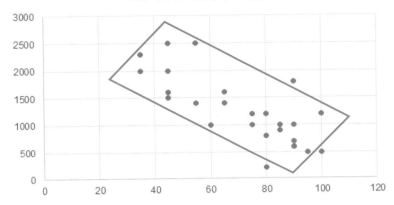

IQテストと将来の売上

先ほどの「トレンドから外れている人」というのは、私の感覚だとこの図で赤く囲んだ部分の外側にある点がそれに該当する。実際の業務では、この点に当たる人がどんな人なのか？　なぜトレンドの枠から外れるのか？　といったことを考えていくと、数値だけでは見えてこない採用時のヒントなどがわかることもあります。

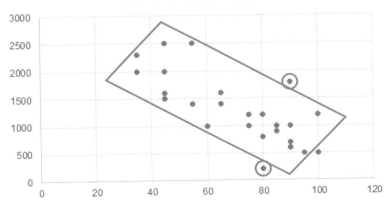

IQテストと将来の売上

最後に、「面接の点数」と「将来の売上」の関係の図。このように特に傾きがないケースでは、数字を見ても面接が80点でも売上が500万の場合があれば、面接が20〜30点近辺なのに売上が2500万近くや500万円近くの人もいるなどして、なんらかの傾向を導くのは難しい。こういう場合は無相関と言える。

面接と将来の売上

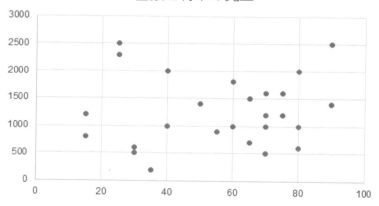

なるほど。確かにこうやって図にしてみると、具体的なイメージが湧きますね。あっ忘れないうちにきちんとメモを残さないと！

✏️ **データはちゃんと図にしてみることが大事**

部長、そういえばこの図って、どうやって描いたらいいのでしょうか？

それは教えたいのはやまやまだけど、今日はもう退社の時間。働き方改革！　なので、それはまた明日時間があれば説明しよう。

欠損データの取り扱いについて

P.133で相関について学習した時に出てきましたが、データ分析はデータが揃っていないと分析できません。分析をする際になんらかの理由によって記録されていなかったデータのことを、「欠損（欠測、欠落）値」と呼びます。データ分析を行う際に避けては通れないほど、よくある現象です。すべてのデータが記録されているデータを完全データ、欠損値が含まれるデータを不完全データと呼ぶこともあります。欠損値がある場合、大きく3つのアプローチが存在します。

1つ目が、欠損値が含まれるデータを削除する方法です。例えば田中さんの面接のデータだけがない場合は田中さんのデータをすべて消去して分析に加えないようにしたり、逆に面接を行った人のほとんどがIQテストを受けていなかった場合はIQテストのデータをすべて消去したりします。

2つ目が、欠損値になんらかの予測数値を代入する方法です。もっとも単純な方法としては、全体の平均値を代入する方法や、データ空間において欠損値を含んだデータにもっとも近いデータから推測する方法（k近傍法と呼ばれる）も存在します。

3つ目が、不完全なデータとしてそのリスクを計測しつつ分析する方法です。

繰り返しになりますが、データ分析で欠損値と出会うことは非常に多いです。データが欠損していると統計的な処理が困難になるケースが多いのですが、無理な補完を行うと結果にバイアスが生じたりします。欠損値がなるべく出ないようにデータを収集することは大切ですし、いくつかのパターンで欠損値を補完しながら分析を進めていくというのが、筆

者が実務で意識していることになります。

参考：
南風原朝和(2002)心理統計学の基礎　統合的理解のために(有斐閣)
阿部貴行 (2016). 欠測データの統計解析 (朝倉書店)

第3章まとめ

- ☑ 予測したい数値とそれ以外の数値の関係性を見る方法として、相関を調べるというものがある
- ☑ 相関関係と因果関係の区別をしっかりつける
- ☑ 相関関係を示す相関係数は-1から1の間をとる
- ☑ 相関は正の相関、負の相関、無相関の3種類に大きく分けられる
- ☑ データはきちんと図にしてみることが大事

第 **4** 章

散布図

入社時面接の
点数と売上の関係を
図にして理解しよう！

「入社前のデータのうち、どのような要素が売上に関係するのだろうか？」こんな疑問から相関に関して学んだ山田君。相関と因果の違いや、エクセルを使って相関を計算することを学びました。そして、相関を図示することの大切さについても理解しました。実際に入社時の点数と営業成績の相関を見てみたところ、「将来の売上」と「IQテスト」の間には負の強い相関があることがわかりました。そこで山田君はふと気づきます。あれ？この図はどうやって作ればよいんだろう？

contents

第4章 散布図

入社時面接の点数と売上の関係を図にして理解しよう！

問題❶ 売上と面接の点数の間には相関があるか？ あるとすればなんの相関か？

問題❷ この近似曲線を、エクセルはどうやって引いているでしょうか？

問題❸ この図を前提に考えると、面接の点数が20点の人の売上はだいたいどれくらいになるでしょうか？

散布図とは？

昨日のノートを見返しながら、データはちゃんと図示するのが大事ということに妙に納得した山田君。確かに正規分布を理解する時にも、図示することのパワーを痛感した。では、どうやって相関を図示したらよいのだろうか。部長が出社するまで待ってもいいけど、確か部長はエクセルのグラフの機能を使っていたなと思い返し、自分で少し調べてみることにした。

 エクセルのグラフ作図機能は、「挿入」タブの中にある。部長が昨日使っていたのは、中央下にあるX軸Y軸の中に青と黒の点が打たれているグラフが近いように思うな。

 マウスカーソルを合わせると、「散布図」と出てくる。Wikipediaで調べてみよう。

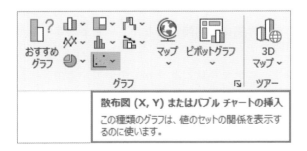

🔍 散布図

散布図（さんぷず、英：scatter plot）は、縦軸、横軸に2項目の量や大きさ等を対応させ、データを点でプロットしたものである。分布図ともいう。散布図には、2項目の分布、相関関係を把握できる特長がある。データ群が右上がりに分布する傾向であれば正の相関があり、右下がりに分布する傾向であれば負の相関がある。なお、散布図で分かることは、相関関係であり因果関係ではない。（Wikipediaより一部省略して抜粋）

なるほど。2つの特性を表すことができるし、相関関係も把握できるということで、昨日の図は散布図だったんだな。

おはようございますー。

部長、おはようございます！　昨日教えていただいた図示するという方法ですが、表を見ていてもなかなかわかりづらかったのですが、グラフにすると理解が進みました。昨日部長が出してくださったグラフは、散布図で合ってますか？

（じっと山田君の目を見つめて）山田君、正解！　よく調べたね。今日も早く出社したの？

あ、はい。なんか気になって。いろいろ新しいことを学べるのはとても楽しいです。

そうか、それはいいことだね。山田君、ちなみに散布図をエクセルで作ったかな？

すみません。そこまではできませんでした。

謝る必要はないよ。今朝は最初の打ち合わせまで少し時間があるので、一緒にエクセルで散布図の書き方を学んでいきましょう。

散布図をエクセルで作ってみよう

散布図では、山田君が調べてくれた定義の通り、2つの特性の関係を見ていくことができる。今回は、第3章までとは別のデータを使って、AさんからJさんまでの10人の人の面接の点数と売上の関係を見ていくことにしましょう。最初に散布図の具体的な書き方ですが、このエクセルシートを見てください。面接の点数から売上の全体であるC2:D12のセルを選択します。

	A	B	C	D	E	F
1						
2		名前	面接の点数	売上		
3		A	90	900		
4		B	60	1000		
5		C	100	500		
6		D	90	700		
7		E	80	800		
8		F	65	1500		
9		G	70	1200		
10		H	50	1400		
11		I	75	1200		
12		J	80	600		
13						

はい。できました。

次に「挿入」タブ内の散布図のアイコンをクリックします。

マウスカーソルを合わせて少し待つと、「散布図」と出てきますね。クリックしました。

出てきたいくつかのアイコンの中で、一番左上に表示されるもの
をクリックしてください。

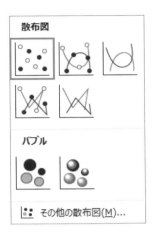

おー。昨日見せてもらった図に近いものが出てきました。

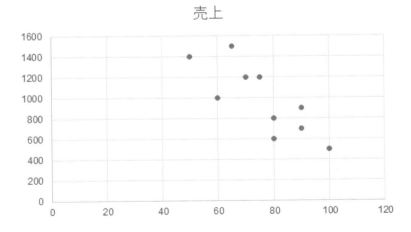

よし、いいね。それではもう少し作業を続けるよ。このシート内
に打たれている青い点のどれでもよいので、マウスカーソルを合
わせて右クリックしてください。「近似曲線の追加」という項目

が出てきたら、そちらをクリックしてください。

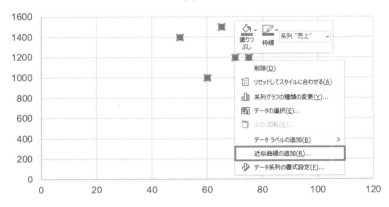

 すると次のような表示が出てくるので、画面右側の設定画面で「線形近似」を選んでください。

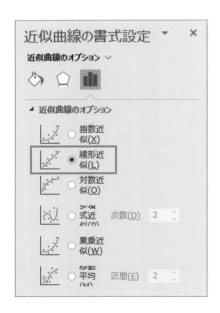

そして「グラフに数式を表示する」と「グラフにR-2乗値を表示する」のチェックボックスにチェックを入れてください。そうするとどうなるかな？

予測			
前方補外(F)	0.0		区間
後方補外(B)	0.0		区間
☐ 切片(S)		0.0	
☑ グラフに数式を表示する(E)			
☑ グラフに R-2 乗値を表示する(R)			

部長！　点の中に破線の直線が表示されて、2つの数式が出てきました！

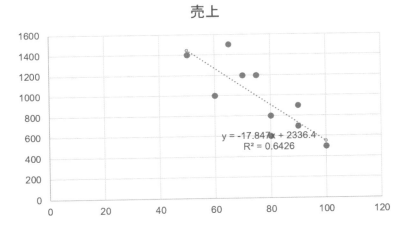

売上

$y = -17.847x + 2336.4$
$R^2 = 0.6426$

そう。この直線のことを、近似曲線と言うよ。

散布図として描かれた結果を理解しよう

そこで1つ目の問題。

問題❶ 売上と面接の点数の間には相関があるか？　あるとすれ
ばなんの相関か？

これは右肩下がりの関係なので、負の相関があると言えると思います。

正解。山田君、昨日の相関の復習もちゃんとできているね。グレイト！　なんとなく面接の点数と売上には正の相関がありそうという直感があっても、こうしてデータを見るとそうなっていないこともある。では次の問題。

問題❷ この近似曲線を、エクセルはどうやって引いているでしょうか？

どうやって？　え、どうやってだろう。うーんと、点のそばを通るようなまっすぐの線を引いているようには思いますね。なんとなくすべての点の傾向をうまく表している。以前の言葉で言うと、トレンドを上手に表しているみたいな感じですかね。

答えがわからない時は、そうやって頭に考えていることを声に出して説明していくのはよいね。山田君の思考がよくわかるし、頭の整理にもなる。よし、これはちょっと難しいので説明しよう。

エクセルで「近似曲線の追加」から「線形近似」を選択した場合、10個の点のあるX軸とY軸の世界に、エクセルが無数の直線を引いていることをイメージしてみてください。

その時、ある1つの直線とこの10個の点との距離の合計をSとします。1つ目の直線に対してS1、2つ目の直線に対してS2としていった時に、エクセルはこのSの大きさが一番小さくなる直線を残して表示します。この時のそれぞれの直線とグラフ上の1点との距離を、残差といいます。この残差という言葉を使うと、「線形近似」では

残差の合計が最小になる直線を引いている

と言うことができるよ。

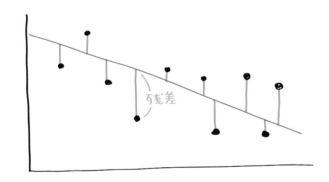

 残差が最小？？

 山田君、ちょっと難しい言葉が出てきてもビビることはないよ。大雑把に考えてみると、このX軸とY軸の世界では、10個の点の集まりは直線上にすべて並んでいるわけじゃないよね。

155

はい、かなりばらけて並んでいます。

 じゃあ、その点群を無理やり1つの直線で表そうとした時に、一番いい感じで表せた直線をエクセルは残してくれていると思っておけばOK。

 いい感じ！ですか（そ、そんなんでいいのかな）。

近似曲線を使って予想してみよう

 では山田君、次の問題の前に少し準備をしよう。さっき出した散布図の、売上の縦軸を右クリックしてください。そして出てきたメニューで「軸の書式設定」を選んでください。

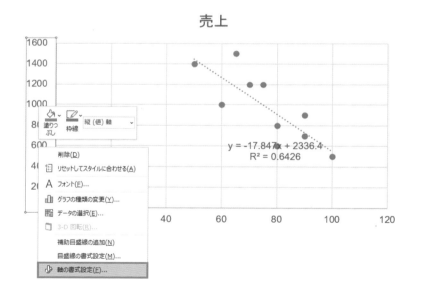

 できました！

次に、「最大値」を2500に変更してください。

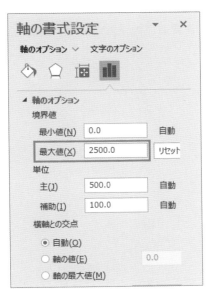

これで、売上の最大値が「2500」になって、直線の角度が変わりました。

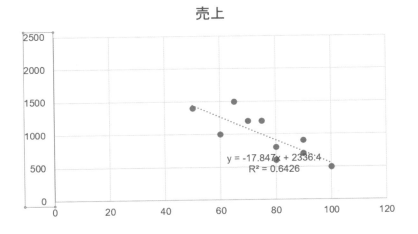

売上

y = -17.847x + 2336.4...
R² = 0.6426

ここで問題です。

問題❸　この図を前提に考えると、面接の点数が20点の人の売上はだいたいどれくらいになるでしょうか？

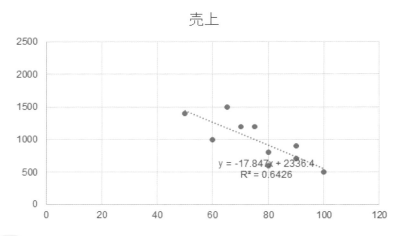

売上

y = -17.847x + 2336.4
R² = 0.6426

面接の点数が20点か。部長が仰っていた通りこの直線が点群の傾向をいい感じで表しているとすれば、直線をちょっと引っ張って伸ばしてみるのかな？

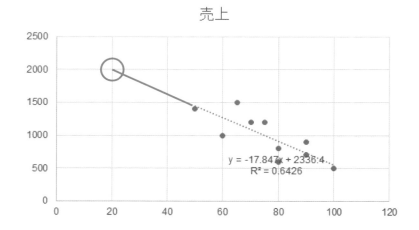

売上

y = -17.847x + 2336.4
R² = 0.6426

ということは、部長、だいたい2000万円くらいになると思います。

正解。そうそう、こうやって考えるとよいね。けれど、これはちゃんと計算も可能なんだよ。

計算ですか。どうやってやればよいんですか？

山田君、エクセルのグラフをよーく見てみて。

うーん、グラフばかりが目に入ってきて、どうしたらいいかわからないです。

計算には数式が必要だよ。エクセルの操作のところで「グラフに数式を表示する」にチェックを入れて、数式を出したよね。その時に出した数式を見て考えてみよう。

あ、なるほど。

$$Y = -17.847X + 2336.4$$

になっていますね。この数式は、先ほど求めた近似曲線を数式で表したものですよね。YはY軸の値、つまり売上。XはX軸の値、つまり面接の点数。なるほど、この式は

面接の点数がわかればYの値つまり売上がわかる

という数式になっているんですね。今回のケースでは、Xの値に20を代入することで計算できますね。

$$Y = -17.847 * 20 + 2336.4$$

$$Y = 1979.46 ≒ 2000$$

ということで、約2000万円ですね。

そうなるね。山田君、これでモデルができたね！

モデル作りなんて、そんな高尚なことを…。まだまだです。

いやいや、山田君が今やってくれたのは、面接の点数を使って売上を予測するためのモデル作りに他ならないよ。だって面接の点数がわかれば、たとえそれが0点だろうが100点だろうが、もっと言えば理論上は-1000点だろうが1億点だろうが、一応売上の予測の数値は計算できるよね。

そう言われると確かにそうですね。

このように推測統計のモデルを作ることによって、実際のデータを使って未知のデータを予測することができる。今回の場合は、面接の点数を使って売上を予測するモデルができた。これって結構ゴールに近づいてきている感があるのわかるかな？

は、はい。部長に導いていただいたおかげです…。

ちなみに、どういう点がゴールに近づいてきている？

 うっ（この顔怖いなぁ）。

 山田君、我々のチームの大きな目的は何だったっけ？

 あ、そうか。

「活躍する営業は採用時にどんな要素を持っているか？　を可視化する！」

「具体的なゴール：面接終了後にわかっているデータ（例：面接の点数、適性検査のスコア、起業経験の有無など）から、なるべく活躍する可能性が高い人を採用する意思決定に役立つモデルを作る」

　ですね。

そう、その通り。今まさに山田君が陥りかけていたけど、データ分析って、結果が出てくると面白くなる。そうなると、あの分析手法もやってみようとか、この分析手法を使うとどうなるだろうか？　といろいろ試したくなるんだよね。けど

「なぜこのデータ分析をしているのだろうか？」

という目的を忘れると、時間だけがどんどん過ぎていってしまう。これを私は勝手に「データの海に飲まれる」と呼んでいる。最初にも言ったけど、データ分析では

- 何のためにやっているのか
- どんなことがわかればいいのか
- そのためにはどんなデータが必要か

を考えることがとにかく大切です。

わかりました。ありがとうございます。この散布図で行った分析で、営業として活躍する人に必要な要素がどれになるかを抽出して分析していくことができると思いました。

その通り！

山田君はノートにしっかりと書き記した。

データ分析では、何のために分析をしているのかという目的を常に頭に入れておく。そうしないとデータの海に飲まれて、結局何をしているのかわからなくなる。

今回は、売上データと売上に関係していそうなデータ、2つのデータの関係の可視化や数式化を、散布図を通して勉強しました。この次はいよいよ大詰めなんだけど、どんな題材を学ぶと思うかな?

 チームの目的は、面接終了後にわかっているデータから活躍する可能性が高い人を採用するための意思決定をしたいということなので…。活躍の定義を「売上が高い人」とするのであれば、面接終了後にわかっている複数のデータと売上との関係を式にしていく、そんな内容になるのではないでしょうか?

 すばらしい。山田君が言ってくれたことを別の言葉で言い換えると、「重回帰分析」を行うということになるけど…おっと、もうこんな時間か。そろそろ私は定例の部長会議があるので、それはまたあとで説明しよう。

 部長、いつもありがとうございます!

 そうだ。会議の前に1つだけ考えておいてほしいことがあったんだ。

 はい。なんでしょうか?

 さっき、山田君に面接の点数が20点の人の売上がどれくらいになるか推測してもらったよね?

 はい。グラフの直線を伸ばしたり、数式に当てはめてだいたい2000万円くらいになったものですよね。

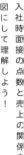

そうです。あれは実は、結構危険な推測なんだよね。その理由を考えて、アイデアがあったら教えてください。これからの会議は1日がかりの長いものになりそうだけど、会議中でもメールの返事は書けると思うので、報告してください。

わかりました。考えておきます。

散布図を使って予測する時の注意点

さて、部長に考えるよう言われたことを考えてみよう。これが、面接の点数が20点の人の売上を推測したグラフで…。

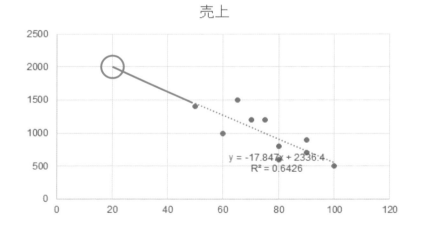

売上

$y = -17.847x + 2336.4$
$R^2 = 0.6426$

うーん、この推測の何が危険なんだろうか。全体のトレンドを見て推測しているし、数式の計算も合ってるしな。無理やり思いついたことを挙げるとすれば、この散布図では面接の点数が50点以下のデータがない…、つまり点が打たれていないな。

売上

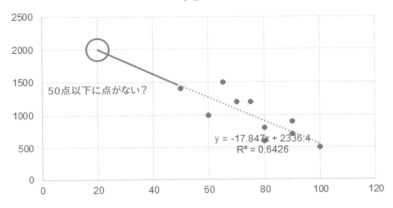

50点以下に点がない？

$y = -17.847x + 2336.4$
$R^2 = 0.6426$

何か、それと関係しているのかな。困ったな。検索しても、いまいちピンとくるものは見つからない。

（30分経過）

部長はチームに配属されてすぐに、30分考えたらわかっている部分だけ報告してねと仰っていたので、ここまでの時点でメールを書こう。

部長

お疲れ様です。
考えておいてねと仰っていただいた点ですが、30分ほど考えました。
結論ですが、現状ではまだしっくりくる答えは出ていません。
気づいた点としては

・50点以下に面接の点数がない

ということです。
これが関係あるかわからないですが。
ヒントなどいただけるとありがたいです。

山田

 よし。送信！

（5分後、部長からメールが届く）

山田さん

まず30分ルールを守っての報告ありがとう。

>・50点以下に面接の点数がない

「見たまんまじゃないか！」と突っ込んでしまい、会議中に笑顔になりました。
ただ、実はすごくいい線いっていると思います。

そうなんですよ。周りに点数がない。

例えば山田君のアメリカの友人が美味しいって言っている日本のお好み焼き屋さんと、アメリカの友人と日本の友人両方が美味しいって言っている日本のお好み焼き屋さん、どっちを信じますかね？

また何か思いついたら教えてください。

G

「例えば山田君のアメリカの友人が美味しいって言っている日本のお好み焼き屋さんと、アメリカの友人と日本の友人両方が美味しいって言っている日本のお好み焼き屋さん、どっちを信じますかね？」なんか謎かけみたいになってるけど、この意味深な一文って何なんだろう。

…そうか。これは50点の周りまでしかデータがない。例えば50点以下の面接の点数になった場合は、相関がなくなってしまうこともあるってことなのかな。

（2時間後）

あー、会議疲れたー。B役員の話が今回は長かった。

部長、先ほどの問題ですが、50点を起点にしてそれ以下の面接の点数になった場合は相関がなくなっているようなこともあるとか…そういうことが危険なのでしょうか？

（席について休ませてすらくれずに食いついてくる感じ（汗、嫌いじゃない。）そうだね。答えにたどり着いたようだね、素晴らしい。50点以下の部分、例えば面接の点数が0-50点の範囲では散布図が次の図のように右肩上がりの関係になっていることもありえるんだよね。

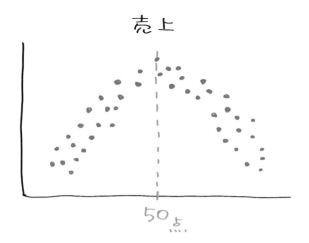

売上

50点

 予想したい点の周りにデータがない時の推測は、もちろん推測として役には立つけれども、本当にそうなるのか注意した方がよいです。例えばそのあたりに近いデータがないかを調べて、見つかった数値を入れて検証してみた方がよいことも多いです。では山田君、お疲れ様でした！　今日はこれから打ち上げのランチでその後は外回りなので、私は先に失礼するよ。

 ありがとうございます。失礼いたします。

 あ、そうだ山田君。採用しようとしている人の売上を予測するのに、他に何か大切な要因はあるのか？　また、その数値はどれくらい信じられるのか？　こんな質問に答えを出せるかな。このあたりを理解するには、回帰分析について調べてみるといいよ。

 か、カイキブンセキですか？

 まずい。遅刻する。山田君、時間があったら調べておいてください。では。

近似曲線が「直線」にならない時は？

今回の第4章では散布図を作成し、その後、作成したグラフ内で分析で行いました。この分析は、近似曲線が線形近似、つまり「直線」になることを前提としています。例えばデータがブーメラン型をしている時や円形の時は直線で近似することが難しく、相関係数は0に近づき無相関として整理されてしまいます。

ただし、円のデータやブーメラン型のデータもまた、明らかになんらかの関係を持っています。例えば以下の図のようなブーメラン型のデータであれば、ある一定の値まではデータは右肩下りになるし、ある一定の値を越えるとデータは右肩上がりになります。

こうした関係性を表すには、いくつかの方法があります。例えばある一定の値「以下」か「以上」で場合分けを行って、「以上」の時の相関や傾向と、「以下」の時の相関や傾向を分析する方法があります。また、予測する基準を直線ではなくて曲線にすることで、1つの式を使って予測をすることが可能になったりもします。こうやって、この数値の時はこの数式、この数値の時はこの数式…と繰り返すことによって数式の精度を高めることが、機械学習や人工知能といった領域での考え方の入り口になっています。

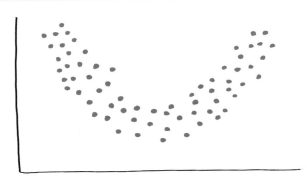

☑ データは図示することで全体を把握できる。その1つの手法が散布図

☑ 散布図とは縦軸、横軸に2項目の量や大きさを対応させ、データを点でプロットしたもの

☑ エクセルで散布図を作る時は、近似曲線の追加やグラフに数式を表示することができる

☑ 散布図の近似曲線や数式から、未知のデータを予想することができるようになる

第 5 章

回帰分析

将来の売上予測に
もっとも
影響を与える
要因を探せ！

前章までのあらすじ

　散布図の見方や作成方法をマスターした山田君。

面接の点数と売上の関係といった2つの値の関係

を図で説明することもできるようになりました。

また、近似曲線によって2つの値の傾向を数式化

することもできるように。ホッとしていた矢先に、

部長からこんな質問を受けます。「それじゃあ、採

用した人の売上を予測するのに、他に何か大切な

要因はあるのか？　また、その数値はどれくらい

信じられるのか？ このあたりを理解するには、回

帰分析を調べてみるといいと思うよ。」

contents

第5章 回帰分析　将来の売上予測にもっとも影響を与える要因を探せ！

問題❶ 面接時のデータから、その人の営業としての将来売上を予測しよう

回帰分析とは？

うーん。「採用しようとしている人の売上を予測するのに、他に何か大切な要因はあるのか？　また、その数値はどれくらい信じられるのか？　こんな質問に答えを出せるかな？」という部長の質問。難しいな。けれど、もしこの質問に答えることができたら、チームの今期の目標である

> 「活躍する営業は採用時にどんな要素を持っているか？　を可視化する！」

> 「具体的なゴール：面接終了後にわかっているデータ（例：面接の点数、適性検査のスコア、起業経験の有無など）から、なるべく活躍する可能性が高い人を採用する意思決定に役立つモデルを作る」

に関しては、答えが出たのとほとんど同じになるんだな。採用している人がどれくらいの売上を上げるかを予想するのに大切な要因がわかるわけだし。けれど「どれくらい信じられるか？」ってどういうことなんだろう。うーん、なんかイメージがわかないな。とりあえず、部長に言われたカイキブンセキについて調べてみることにしよう。

🔍 回帰（かいき　英：regression）

統計学において、Y が連続値の時にデータに Y= f(X) というモデル（「定量的な関係の構造]」）を当てはめる事。別の言い方では、連続尺度の従属変数（目的変数）Y と独立変数（説明変数）X の間にモデルを当てはめること。X が 1 次元ならば単回帰、X が 2 次元以上ならば重回帰と言う。Y が離散の場合は分類と言う。（Wikipedia より一部省略して抜粋）

🔍 回帰分析（かいきぶんせき　英：regression analysis）

回帰により分析する事。回帰で使われる、最も基本的なモデルは Y=aX+b という形式の線形回帰である。（Wikipedia より一部省略して抜粋）

なんか、めちゃくちゃややこしいな…。けれど、「連続する値が答えになる数式」を作れるということなのかな。あと、言葉として従属変数（目的変数）と独立変数（説明変数）の2つがあるのと、従属変数（目的変数）が1次元なら単回帰分析、2次元以上なら重回帰になるのか。「次元」っていったい何のことだろう？　やばい、頭が痛くなってきた…。これは説明を先に聞いた方がよさそうだな。

（終業の時間。部長が今夜は夜の予定がなさそうなので質問に行く）

部長！

うわ！　びっくりした。なんだい山田君。

先日の回帰分析に関して、教えていただけないでしょうか？

おお。もちろんいいですよ。

部長、実はWikipediaで回帰分析を調べたのですが、今回は今まで調べてきたものの中で、一番何が書いてあるのかわかりませんでした。

なるほど。今まではいろいろ答えを絞り出してきたけど、今回はちょっと難しかったか。

第
5
章

回
帰
分
析

将
来
の
売
上
予
測
に
も
っ
と
も
影
響
を
与
え
る
要
因
を
探
せ
！

はい。

 OK。文章を使った回帰分析の説明は、なかなかややこしいからね。ちなみに山田君は、回帰分析に近いことはすでにもうやっている。

 えっ。いつですか？　やった記憶ないです。

 回帰分析の定義に「モデルを当てはめること」「もっとも基本的なモデルは $Y = aX + b$」って書いてあるよね。この $Y = aX + b$ という数式、どこかで見た記憶はないかな？

 受験の時の数学で見たような？？

 今は、受験時代の話をしているわけじゃないよね。

 し、失礼しました。今までやってきた分析の中でってことですよね。うーんと。あ、そうか。先日の散布図のグラフの中に

$$Y = -17.847X + 2336.4$$

という数式が出てきました！

そうだね。実はそれが、「連続尺度の従属変数（目的変数）Yと独立変数（説明変数）Xの間にモデルを当てはめる」ということなんだ。それからこれは趣味の問題なんだけど、私はこの従属変数と独立変数という言葉がイメージしづらいので、あまり使いたくない。ここからは、目的変数と説明変数という呼び名で説明するよ。

回帰分析というのは、「目的変数」と「説明変数」の間に成り立つ数式を導く分析のことと言える。予測したい目的である「目的変数」と、この目的変数を説明してくれそうな「説明変数」という2つの変数を使って数式を作るんだ。

「説明変数」としてどういう値が「目的変数」に関係しそうかは、分析者の主観に頼ることになる。このあたりは現場の経験で、「この数値が高い人は売上が高いように予想されるな」といった感覚を生かしながら、有効な「説明変数」を探していく。予測に生きるかどうかわからなかったら、まずはいったん幅広い数値を使って分析し、検証してみるというスタンスで説明変数を集めていくとよいね。次の図は、説明変数と目的変数の関係を表したものです。

回帰分析

目的変数
（従属変数）

説明変数
（独立変数）

- 目的となる変数（例：売上など）
- この値に関係しそうな説明変数を集めてくる
- 1つのみ

- 目的変数を説明しそうな変数
- 1つ～複数も可能

☐$_1$ × 係数1 ＋ ☐$_2$ × 係数2 ＋ ☐$_3$ × 係数3 ＝ ☐ の式にする分析

図の下にある式では、青い四角の部分に説明変数が入る。説明変数は、1つ～複数入れることができる。それに係数をかけたものの組み合わせが「説明変数2＊係数2、説明変数3＊係数3…、説明変数n＊係数n」になり、それが右側の赤い四角の目的変数に結びつく、という式になっている。係数はあとで再度説明するけど、説明変数が働いた時に、目的変数がいくつ動くかを表している数になります。

この時、説明変数が1つの場合は単回帰分析、2つ以上の場合は重回帰分析と呼ぶよ。「単」には単騎とか単音など「1つ」という意味があるのでイメージしやすいかな。定義には「次元」という言葉が出ていたけど、ここでは変数が「1つ」なら「1次元」、「2つ」なら「2次元」と考えてくれればいい。

例えばこの式では、面接の点数Xが何点かわかれば、将来の売上予測がYの数値として求められる数式になっているよね。将来の売上Yを目的変数として、説明変数である面接の点数Xを代入するとYが求められる式になっている。

$$Y = -17.847X + 2336.4$$

なるほど。ということは、この近似曲線を求めるというのが回帰分析なんでしょうか？

大枠の理解としては正しいね。単回帰分析であればエクセル上でグラフにして見られるけど、重回帰分析になって説明変数が増えてくると表現しづらくなる。それに、それぞれの数値がどれくらい信じられるのか、という点についてはもう少し説明する必要がある。山田君、回帰分析をやってみたいかな？

はい。もちろんです！

エクセルで単回帰分析をしよう

それでは、まずはこの前の散布図のデータを使って回帰分析をしてみよう。今回は説明変数が「面接の点数」1つなので、「何」回帰分析になるかな？

	A	B	C	D	E
1					
2		名前	面接の点数	売上	
3		A	90	900	
4		B	60	1000	
5		C	100	500	
6		D	90	700	
7		E	80	800	
8		F	65	1500	
9		G	70	1200	
10		H	50	1400	
11		I	75	1200	
12		J	80	600	
13					

説明変数　　目的変数

はい。単回帰分析ですね。

正解。今回は、面接の点数を説明変数、売上を目的変数、つまり予測したい数値に設定して、その関係を分析したい。相関を求めた時に使った、データ分析アドインを開けるかな（P.135）？

「データ」タブをクリックして、右上のアイコンの「データ分析」をクリックですね。

その通り。その中にある「回帰分析」を選択して、「OK」をクリックしてください。

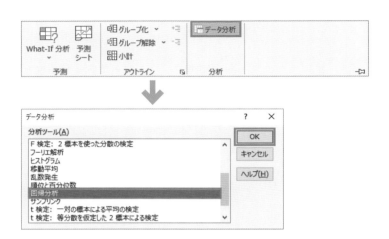

 できました。

 それでは、最初に「ラベル」というチェックボックスにチェックを入れよう。当たり前だけど、エクセルはコンピューターつまり計算機の上で動く。計算機って、基本的には数値のデータしか計算することができない。だけど、今回のラベルにあるような「売上」や「面接の点数」といった情報は、分析結果を人間が読み取る時にはあると便利な情報だよね。「ラベル」にチェックを入れると、人間がわかりやすくなるように、データの1行目の言葉を「ラベル」として認識してくれる。

 なるほど。

 次に、「入力Y範囲」、「入力X範囲」という表示が見えるかな？先ほどから出ている数式にもYとXってあったけど、このYにはどの数値を入れたらいいと思うかな？

Yは目的変数なので、今回の予想したい数値である売上ですかね？

正解。では、「入力Y範囲」に売上の数値が入ったセル範囲を入れてください。

はい。今回は「ラベル」にチェックを入れているので、「売上」という文字データが入ったD2セルから、Jさんの売上の入ったD12セルまでを選択しました。

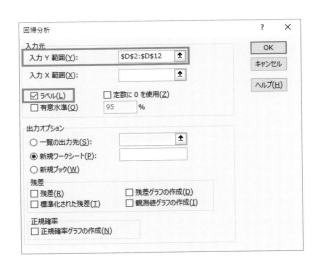

次に「入力X範囲」に数値を入れよう。Y範囲には目的変数が入ったので、「入力X範囲」には何が入る？

Xは目的変数を説明する可能性がある変数ということで、説明変数が入ります。今回は、「面接の点数」が説明変数になりますね。

その通り。では、「入力X範囲」に面接の点数が入ったセル範囲を入れてください。

はい。入れました。

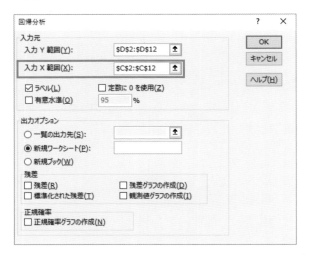

ここで、分析する際の注意点です。回帰分析には、相関の概念が含まれている。相関は、データセット1つ目とデータセット2つ目のデータの数が揃っていないと計算できなかったよね（P.133）。回帰分析も同様なので、データの数が揃っているかどうか確認してください。今回はC2：C12とD2：D12、どちらも同じ数になっているので問題ないよね。では「OK」をクリックしてください！

▲	A	B	C	D	E	F	G	H	I	J
1	概要									
2										
3		回帰統計								
4	重相関 R	0.801596								
5	重決定 R2	0.642557								
6	補正 R2	0.597877								
7	標準誤差	215.1485								
8	観測数	10								
9										
10	分散分析表									
11		自由度	変動	分散	観測された分散比	有意 F				
12	回帰	1	665689	665689	14.38118742	0.005295				
13	残差	8	370311	46288.88						
14	合計	9	1036000							
15										
16		係数	標準誤差	t	P-値	下限 95%	上限 95%	下限 95.0%	上限 95.0%	
17	切片	2336.364	364.0804	6.417165	0.000205346	1496.793	3175.934	1496.793	3175.934	
18	面接の点数	-17.8469	4.706144	-3.79225	0.005294789	-28.6993	-6.9945	-28.6993	-6.9945	
19										

おおおー！ すごい。新しいタブが作成されて、結果が出てきました。

 そうだよね。この機能、私もはじめて実行した時、感動しました。エクセルがこんな能力を隠し持っていたのか！ みたいな。これが面接の点数を説明変数に、売上を目的変数にした場合の単回帰分析の結果になります。それでは、いよいよこの分析結果をどのように見ていくかを説明します。基本的に、見るのは一番上の「回帰統計」の値と、真ん中より下にある「係数」「標準誤差」「t」値と「P－値」の列が中心になります。

重決定R2とは？
決定係数の意味を学ぼう

 最初に左上の「回帰統計」からだけど、ここでは、今回の分析全体が目的変数Yの動きをどれくらい予測しているか？ を示していると考えてください。中でも特に重要になる数値が、クリーム色でハイライトしたところになります。

回帰統計	
重相関 R	0.801596
重決定 R2	0.642557
補正 R2	0.597877
標準誤差	215.1485
観測数	10

 ここに「重決定R2」とあるのは、エクセルの表記の問題で、本来は「重決定R^2」と書く。つまり、「重相関R」の2乗という意味です。「重相関」は、複数の変数を統合した値と、ある変数の値の相関係数のこと。相関が1対1なのに対して、重相関は複数の統合対1というイメージで、ここでの理解は十分。その「重相関R」を2乗

した値が、「重決定R2」ということだね。この数値は「決定係数」と呼ばれるもので、0-1の値つまり0%-100%の値をとる。そして「重決定R2」は

説明変数Xが目的変数Yの動きを何%の割合で予測しているか？

を示している。つまり、説明変数Xの信頼性を「重決定R2」の値で知ることができるというわけだね。

説明変数と目的変数の関係の散布図を作った場合、グラフ上にある点が直線上にすべて並んでいることはほとんどない。つまり、散布図の点を1本の線で無理やりつなげようとすると、線が曲がってしまうことがほとんどなんだ。

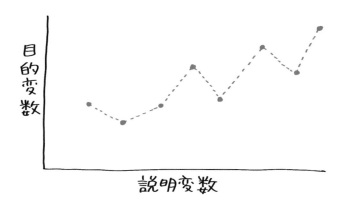

一方、回帰分析を使って線形回帰（直線またはそれに近い形状を前提とした数式化）を行う場合は、説明変数を無理やり直線に当てはめた場合に、もっともよく当てはまる直線を引くということを行っている。

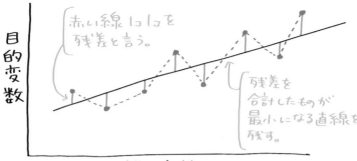

つまり回帰分析では、上の図の赤い直線のようにそれぞれの点との距離、つまり残差の合計が最小になるような直線を引いている。残差の合計が大きければ大きいほど説明変数は直線から形が離れていき、残差の合計が小さければ小さいほど説明変数は直線に近づいていく。

なので決定係数である「重決定R2」の値が大きければ大きいほど、残差は小さく、説明変数が目的変数の動きをきちんと表しているということになるわけだね。今回の決定係数R2は「0.642557」だから、末尾を四捨五入すると「64.3%」になる。このことから、

説明変数Xは目的変数Yの動きを64.3%表現している（逆に言うと100%-64.3%＝35.7%は示せていない）

ということが言える。

イメージは湧きました。部長、この重決定R2って、分析する時にどれくらいの数値がないといけないとかってあるんでしょうか？　例えば0.1とかだとほとんど説明できていないとか、そんな感覚で合ってますか？

いい視点だね。ここはいろいろ議論が分かれるところではあるんだけど、重決定R2の値は0.5以上あるとよい分析と言われることが多い。マーケティングなどで利用する時は、0.8を目指して説明変数を入れ替えていくということが行われたりするよ。

「入れ替えていく」というのはどういうことですか？

説明変数Xは、予測にほとんど関係がない数字を追加したとしても、重決定R2の値が0.1％とかは上昇する。でもその数字は、いわゆるジャンクデータ（ごみデータ）と呼ばれるような、ほとんど意味のない情報だったりする。実際の分析のシーンではいろいろな説明変数を入れたり出したりすることで、この説明変数はよさそうだとか、こちらはあまり効いてなさそうだというように検証する作業を行うんだ。

なるほど。例えば将来の売上の予測に面接の点数は有効そうだけど、営業が1年間でラーメン屋さんに行った回数とかはあまり関係がないとか、そういう感じですかね？

そうだね。ただ、先日ラーメン屋さんに行って統計の基礎を学んだように、私とラーメン屋さんに行った回数のような数値だと、もしかしたら売上に効いてくるかもしれないよ。経験や知恵と呼ばれるものを駆使しながら説明変数を出し入れすることは、データ分析においてとても大事なことなんだ。ある数字が有効かどうか迷ったら、一度分析に回してみて検証するのがよいね。

補正R2とは？

「重決定R2」の下にある「補正R2」というのは何でしょうか？

回帰統計	
重相関 R	0.801596
重決定 R2	0.642557
補正 R2	0.597877
標準誤差	215.1485
観測数	10

「補正R2」は「重決定R2」を補正したもので、正しくは「自由度調整済み決定係数」と呼ばれる。重回帰分析では、説明変数の数を増やすことによって決定係数「重決定R2」の値が0（＝0%）から1（＝100%）に近づいていく。例えば同じデータで5個の説明変数と6個の説明変数で重回帰分析を行った場合、説明変数6個の分析の方が、決定係数は高くなるんだよね。でも、それって単に説明変数を増やしたから決定係数が上がっただけなのか、それともその説明変数に分析上の意味があるのかどうかを知りたくないかな？

そこで、調整後の決定係数である「補正R2」と調整前の決定係数である「重決定R2」を比較することによって、説明変数を増やしたことによって重回帰分析の精度が上がったのかどうかを確認することができる。今回のように補正R2の値「0.59788」が重決定R2「0.64256」よりも小さくなっている場合は、説明変数の種類がサンプルサイズとの対比で少ないか、今回の説明変数の中に目的変数の予測に役に立っていないものが一部入っていると推測される。

なるほど。

山田君。それじゃあおさらいとして、今回の分析結果からどんなことが言えると思いますか？

はい。

- 今回は、面接の点数を説明変数、売上を目的変数にして単回帰分析を行った
- そこで得られた重決定R2は「0.643」（小数点第4位四捨五入）だった
- このことから、説明変数である面接の点数は、目的変数の売上の動きを64.3%の確率で説明しているということがわかった

こんな感じでよいでしょうか？

はい、すばらしいです。ちなみに「回帰統計」内の「標準誤差」は分析エラーのばらつきを示し、「観測数」はデータ数を示します。分析結果の有効性を見る時はあまり重要ではないので、ここではこれ以上踏み込まず、先に進みましょう。

切片と面接の点数

では、次のポイントを説明しましょう。ちなみに今回は、真ん中の「分散分析表」については説明しません。データ数が多ければ確認する必要はないと思っておけばだいたいOKです。その下の、「切片」「面接の点数」と書かれた表を見てください。

これですね。

	係数	標準誤差	t	P-値	下限 95%	上限 95%	下限 95.0%	上限 95.0%
切片	2336.364	364.0804	6.417165	0.000205346	1496.793	3175.934	1496.793	3175.934
面接の点数	-17.8469	4.706144	-3.79225	0.005294789	-28.6993	-6.9945	-28.6993	-6.9945

はい。ここでは、見てもらいたいポイントが大きく2点あります。

1つ目がtです。2つ目は後ほど説明しますが、係数になります。まずはtから説明します。

tはもしかしてt値のtですかね？　そんなわけないか、はは。

山田君。正解！

そうなんですね…よかった。

このtが何を表しているのか、最初は統計用語満載で説明します。難しく感じるかもしれませんが、ひとまず聞いていてください。

tの値は、説明変数が目的変数の動きと関係しているか関係していないかを検定している。この検定は「偏回帰係数が0である」という帰無仮説を検定しています。対立仮説は「偏回帰係数が0ではない」ですが、「偏回帰係数が0より大きい」あるいは「偏回帰係数が0より小さい」なら片側検定になりますから、その場合は「P-値」を2で割る必要がある。

と言えます。

部長…。難しい言葉が多くて、正直全然わからないです。

そうなんだよ。正確に説明しようとすると、このような説明になってしまう。もう少し簡単に言うと、tの値は説明変数と目的変数が関係しているか、関係していないかを検証するための数値だと考えてください。そしてt値が絶対値で2以上になる、つまり+2以上か−2以下になった場合は、その説明変数を目的変数の動きを予測する数値として使用してもよいと考えることが多い。

	係数	標準誤差	t	P-値	下限 95%	上限 95%	下限 95.0%	上限 95.0%
切片	2336.364	364.0804	6.417165	0.000205346	1496.793	3175.934	1496.793	3175.934
面接の点数	-17.8469	4.706144	-3.79225	0.005294789	-28.6993	-6.9945	-28.6993	-6.9945

最初に、表の「切片」の行を見てください。「切片」というのは、予測されたモデルのすべての説明変数Xの値が0の時に目的変数Yがとる値になります。つまり、すべての説明変数Xが0だった時のスタート地点だと思ってください。その値は、切片の「係数」が示しています。そしてY＝aX＋bの式でXが0ということは、つまりbの値が切片の「係数」ということになります。

一方、切片のt値は切片の「係数」を「標準誤差」で割ることによって計算されます。「標準誤差」は、データの数によって調整を行った標準偏差みたいなものだと考えておいてください。

今回の切片のt値は、「係数」2336÷「標準誤差」364で、6.417になる。さっきも説明したように、t値が絶対値で2以上になれば、その説明変数を目的変数の動きを予測する数値として考えることができるんだったよね。ここでは6.417で2以上になるので、問題ないと判断できる。

ちなみに、回帰分析によって数式を作った場合、切片は説明変数Xがどんな値でも同じになるので、あまり重要でないことが多い。Xの値によって変化する値、つまり目的変数Yの方が大切だからね。だから、切片のt値は気にしないケースも多く存在します。

わかりました！

じゃあ次に、表の「面接の点数」を見ていきましょう。「面接の点数」のt値は-3.79だね。ちなみに山田君、t値が-3.79ってどんなイメージか、図に書けますか？

ず、図ですか？

 t分布と聞いたらまず何をするかと言うと？

 カーブを書きますね。

 理解できなくてよいので、参考までにt値を求めるための数式を載せておきます。こちらの一部は、t分布のP.105でも触れた内容です。

$$ t値 = \frac{係数}{標準偏差} = \frac{係数}{標準偏差 \div \sqrt{データの個数}} $$

 ここで説明変数の「係数」について、再度きちんと説明します。前にサラッとは説明しましたが、「係数」は、説明変数が1動いた時に目的変数が平均でいくつ動くかという関係を示しています。今回の面接の点数の例で、面接の点数の「係数」は-17.85。これは、面接の点数が1点上がると売上の値が平均-17.85万円動くという意味です。そしてこの「係数」が0になると、説明変数が目的変数に何の影響も与えない、つまりその説明変数は意味がないということになる。ちなみにさっき説明した切片の「係数」だけは、説明変数が関係しないので構造が他と異なります。

 なるほど。メモしておきます！

回帰分析の結果における「係数」は、説明変数が1動いた時に目的変数がいくつ動くかという関係を示している。「係数」が0になると、その説明変数は目的変数に影響を与えていないということになる。

191

正規分布やt分布のカーブの図の中央は、平均だったよね（P.79）。ここで係数は「推定」しているもので、その推定がt分布を使って行われていると考えてください。今回は「売上の値が平均-17.85万円動く」ので、中央に-17.85と書き入れます。次に、t値は「係数」を「標準誤差」で割ったものなので、

-17.85 ／ 4.71

という計算から

t = -3.79

が得られます。これは、平均から標準偏差で3.79個分離れないと「係数」が0以上にはならない、つまり説明変数が目的変数に影響を与えない領域にはならない、という意味なんです。

ちなみに、なぜ0以上、つまり正はだめか？　と言うと、係数は負の影響なのに本当は正だったら困るよね。反対の影響だと、予測が大きく狂ってしまうからね。そして、このt値1個分は、標準誤差の4.71になる。図にすると、こんなイメージになる。

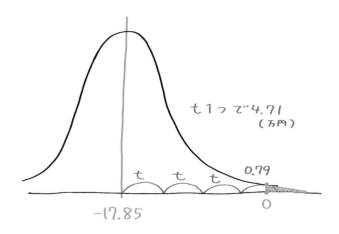

この図からもわかるようにその可能性は極めて低いので、今回は面接の点数と売上は関係がある（特に今回は-17.85の関係がある）と言えるということになります。

ちなみに「P-値」を2で割ったものが、上の図の赤い斜線の面積の割合になる。この図のt値が増える、例えばtが0.01だけ増えてt＝3.80になると、黒に塗っている部分（これがP値が表している確率部分です）が減る。つまりtの絶対値が増えればP値は下がり、tの絶対値が減ればP値は増える。「標準誤差」（偏差）の個数が増えるとそれよりも外になる可能性は減るという観点から、t値とP-値は裏表の関係にあるとも言えるね。

部長が先ほど使った「検定」という言葉を使うのであれば、「t値」を見ることでそれぞれの説明変数が目的変数とどのくらい関係しているかを検定していて、「t値」が絶対値2以上であれば係数が0ではない、つまり関係しているといってよいという説明になる、ということで合っていますかね。

そうだね。厳密に言うとデータ数なども見ないといけないんだけど、基本的にその考え方でOKです。今回は「t値」の絶対値は3を超える数値なのでOK。そうするとこの説明変数はモデルに組み込んでよいと考えることができます。実際の分析では、この「t値」をチェックして説明変数の有効性を確認したあとで、「係数」がいくつになるかを確認するという流れになります。

今回の例で言うと、最初に「t値」-3.79を見て、面接の点数が売上に関係していることを確認する。それから「係数」-17.85を見て、面接の点数が1点上がると売上が平均-17.85万円動くことを確認する、という流れになるね。

単回帰分析のモデルを作る

単回帰分析でやっていることの説明はだいたいこれくらいにして、次に売上を予測するモデル、つまり数式を書きましょう。モデルを作る場合の流れをおさらいすると、

① 回帰統計で重決定R2を確認し、全体の分析の予測度合いを確認する
② 説明変数のt値を確認し、絶対値が2以上になるものを残す
③ 最後にt値が2以上の説明変数の係数と切片の係数を用いてモデルを作る

ということになる。結果、今回の面接の点数を使って売上を予測するモデル式は

Y（売上）= -17.85 ＊ X（面接の点数）+ 2336.36

となります。

-17.85は面接の点数の係数からきているんですね。ちなみに、2336.36 っていうのはどこからきたのでしょうか？

ああ、それが先ほど説明した「切片の係数」だね。先ほどは Y = aX ＋ bという一般化した式を使って説明したけど、回帰分析というのは、説明変数がすべて0の時に目的変数が0になるようには設定されていないんです。0になった時、つまり直線がY軸と交差するX = 0の時にどの値をとるか？　ということを表しているのが切片の係数になります。

重回帰分析をするためにデータを整えよう

では、ここまでできたら最後の重回帰分析をやりましょうか。

> 「具体的なゴール：面接終了後にわかっているデータ（例：面接の点数、適性検査のスコア、起業経験の有無など）から、なるべく活躍する可能性が高い人を採用する意思決定に役立つモデルを作る」

このゴールの問題ですね。

はい。この分析を行うには、どのようなデータが必要だと思う？

まず目的の設定なのですが、「活躍する」ということの定義が必要が必要だと思います。ここではいったん活躍の定義を「売上」と捉えて、「売上」のデータを持ってきます。

素晴らしい。そうすると、今回の分析では「売上」が目的変数ということになるね。

次に、性格適性検査のスコアを取得します。弊社で利用している検査の画面があるので、そちらで取得するとよいかなと思います。

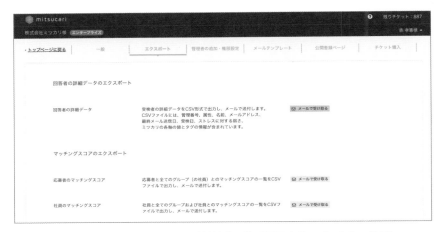

（株式会社ミツカリのミツカリ適性検査の管理画面をサンプルとして使用）

管理番号	属性	退職	名前	ストレスに対する弱さ	外向型/内閉型	論理重視/想い重視	共感型/主感型	協調型/競争型	冷静型/情熱型	楽観型/慎重型
1	社員	NA	岡島惠子	2	4	8	3	10	3	10
2	社員	NA	山田仁	6	8	7	4	3	10	3
3	社員	NA	赤城武則	8	8	7	8	3	1	3
4	社員	NA	中島由紀子	9	2	8	1	8	4	8
5	社員	NA	花本惠子	7	4	8	7	3	3	3
6	社員	NA	須藤学	8	8	9	1	5	4	5
7	社員	NA	中西輝	8	4	7	6	7	3	7
8	社員	NA	津吹剛	9	4	8	4	10	5	10
9	社員	NA	土屋大志	2	8	8	9	2	5	2
10	社員	NA	花田大治	5	4	8	7	3	3	3
11	社員	NA	皆川俊樹	2	2	8	8	7	3	7
12	社員	NA	原田大作	7	6	7	7	2	7	2
13	社員	NA	水野弥一	8	8	9	1	5	4	5
14	社員	NA	牧口洛二	7	9	9	4	4	3	4
15	社員	NA	河野照子	5	3	8	5	8	5	8
16	社員	NA	柿沼雅美	7	4	8	10	8	5	8
17	社員	NA	三木義晴	9	9	6	6	10	4	10
18	社員	NA	山口健斗	3	9	6	6	10	4	10
19	社員	NA	小山田敏	10	5	7	7	7	6	7
20	社員	NA	仁川修二	3	6	9	3	7	7	7
21	社員	NA	竹原あんな	3	6	7	4	5	7	5
22	社員	NA	湯川秀樹	4	6	8	9	2	5	2
23	社員	NA	木次正光	3	3	7	10	7	5	7
24	社員	NA	井上大輔	3	5	8	3	2	2	2

適性検査の項目には様々な数値があるけど、今回はストレスに対する弱さ、論理重視、仕事重視、回避的、楽観的、競争的、懐疑的、受容性といった項目を使いましょう。山田君、これらの項目がとる数値はいくつからいくつになる？

1 〜 10の10段階です。

説明変数がいくつからいくつの範囲をとるかを把握しておくことは、結構大事なんです。先ほど説明した係数との関係で、例えば係数が10と1000だったら後者の説明変数の方がインパクトが大きいように見えてしまうけれど、説明変数の動く幅が前者が10000、後者が10だったら結局目的変数が動く幅は同じだからね。

なるほど。係数と説明変数の積の値が大きいと、それだけ目的変数への影響が大きいということですね。

そういう言い方はできるね。

説明変数の動く幅

動く幅最大

$1 \rightarrow$ 10 × **係数** $1000 = 10000$

$\updownarrow$ 同じ

$1 \rightarrow$ 1000 × **係数** $10 = 10000$

次に揃えないといけないデータは？

面接の点数ですね。

OK。それは人事部のデータからもらっているものがあるから、先ほどの適性検査のデータに結合しよう。

ダミー変数とは？

 その他には分析する予定のデータはあったかな？

 起業経験があるか？　というデータですね。これも人事部からもらってきているので、あるにはあるのですが…。

 どうしました？

 このデータって、ある（Y）ない（N）のアルファベットで入っています。数値じゃないデータって計算できるんですかね？

 あーそれは、もちろんできないね。

 なんでこういうの数値で持ってないんだ。これだからデータ分析を進めづらいんだよ…。

 山田君、だんだん分析チームの人間になってきているね。そう。今回やりながら感じたと思うけど、データは「きちんと整理されて欠損なく揃って」いないと、分析がしづらくなる。相関のところでもやったけど、そもそもデータが欠けていると分析ができなくなってしまう。そしてデータは、特にエクセルで相関を求めたり回帰分析をする場合は、数値データじゃないといけない。それ以外にも、潜在変数や擬似相関（P.126）のデータを入れてしまうのも分析結果が異なるのでよくない。

 なるほど。データをどう揃えていくかが超重要なのですね。

ただ、今回の経験がある（Y）とない（N）のデータは、実は数字に置き換えるのはすごく簡単なんだ。

え、そうなんですか？

答えを先に言ってしまうと、経験がある（Y）を1に、ない（N）を0にしてしまえばよい。先ほどの、一番シンプルな単回帰分析のモデルを思い出してください。

Y = aX + bですね。

そうです。説明変数が増えると、これが

$$Y = aX1 + bX2 + cX3 + \cdots\cdots + b$$

という式になります。この時、もしX1に0を入れると係数aの影響はどうなる？

0をかけるので0になる。つまり影響しないことになる、ということでしょうか？

その通り。こうやって0と1に置き換えることで、例えばあるorないとか、該当するor該当しないといった、数値ではないデータをデータ分析に利用することができる。この01で置き換えた変数を、ダミー変数といったりします。山田君エクセルで置換をするやり方は大丈夫かな？

はい。[Ctrl] + [F]キーを押して「置換」を選び、「Y」を「1」に入れ替えるでよいでしょうか？

	A	B	C	D	E	F	G	H
1	氏名	性別	起業経験					
2	綾野太郎	M	N					
3	井上大輔	M	N					
4	遠藤聡子	F	N					
5	岡島恵子	F	Y					
6	岡本博宣	M	Y					
7	河野照子	M	N					
8	花田大治	M	Y					
9	花本恵子	M	Y					
10	皆川俊樹	M	N					
11	柿崎二郎	M	Y					
12	柿沼雅美	F	Y					
13	関根加代	M	N					
14	原田大作	F	N					
15	佐々木康夫	M	Y					

それから「N」は「0」ですね。

最終的に、次のようなデータが得られました。

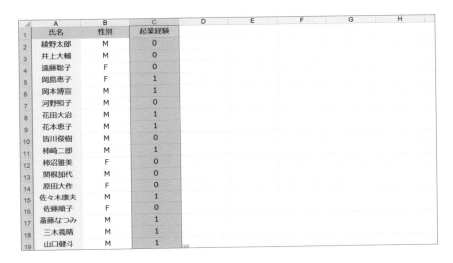

 すばらしい。

 最後に売上。これは営業部のデータですね。これは以前もらっているものがあるので、エクセルに合わせますね。できました！

氏名	ストレスに対する弱さ	論理重視	仕事重視	回避的	楽観的	競争的	懐疑的	受容性	起業経験	面接の点数	売上(万円)
岡島恵子	5	1	2	4	8	3	10	3	0	70	¥2,000
山田仁	6	2	6	3	7	4	3	10	0	70	¥3,100
赤城武則	7	2	8	8	7	8	3	1	0	40	¥2,300
中島由紀子	6	2	9	2	8	1	8	4	1	50	¥4,500
花本恵子	3	3	7	4	8	7	3	3	1	90	¥3,100
須藤学	3	3	8	8	9	1	5	4	0	50	¥1,800
中西輝	4	3	8	4	7	6	7	3	1	70	¥3,600
津吹典	1	3	9	4	8	4	10	5	1	80	¥4,400
土屋大志	4	3	2	6	8	9	2	5	0	40	¥1,600
花田大治	3	4	5	4	8	7	3	3	1	70	¥2,800
皆川俊樹	5	4	2	2	8	8	7	3	0	80	¥3,500
原田大作	2	4	7	6	7	7	2	7	0	60	¥2,500
水野弥一	3	4	8	8	9	1	5	4	0	60	¥2,000
牧口浩二	1	4	7	9	9	4	4	3	1	80	¥4,000
河野照子	3	5	5	3	8	5	8	5	0	60	¥2,000
柿沼雅美	7	5	7	4	8	10	8	5	1	80	¥3,000
三木義晴	2	5	9	9	6	6	10	4	1	60	¥2,500
山口健斗	2	5	3	9	6	6	10	4	0	40	¥1,600
小田敏	4	5	10	5	7	7	7	6	1	70	¥6,000
仁川修二	9	5	3	6	9	3	7	7	0	40	¥1,800
竹原あんな	1	5	3	6	7	4	5	7	0	60	¥1,600
湯川秀樹	4	5	4	6	8	9	2	5	0	40	¥1,300
木次正光	4	5	3	3	7	10	7	5	0	50	¥1,900
井上大輔	7	6	3	5	8	3	2	2	0	40	¥1,500

エクセルで重回帰分析をしよう

 では山田君。今から行うデータ分析を、目的変数と説明変数という言葉を使って説明してください。

 はい。今回の分析のゴールは繰り返しになりますが、次のようなものになります。

「具体的なゴール：面接終了後にわかっているデータ（例：面接の点数、適性検査のスコア、起業経験の有無など）から、なるべく活躍する可能性が高い人を採用する意思決定に役立つモデルを作る」

 この中で、「活躍する可能性が高い」という表現が、データ分析の目的を定義するにはやや曖昧です。

そこで今回は、数値データを持っていて、なおかつ分析できるものに変えるために、「売上が高い」ことを「活躍する」と定義します（作者注：もちろん売上が活躍を表すすべてではありませんが、エクセルでできる分析によっていったんなんらかの知見を得るという意味では十分であるし、これ以上の分析を定義し考えつづけるコストを考えると、ここでいったん分析をする方がコストパフォーマンスの観点でよいと判断します）。

今回の分析対象者の人数は第一営業部全体の50名。それぞれの人の売上を目的変数として、適性検査の項目であるストレスに対する弱さ、論理重視、仕事重視、回避的、楽観的、競争的、懐疑的、受容性、起業経験のあるない、面接の点数を説明変数とした重回帰分析を行います。

素晴らしい。それでは、エクセルを使って分析していきましょう。結果が出てきたら、この分析全体の評価と、どういうモデルを組むかということを山田君が説明してください。

わかりました。こちらがデータになります。

	A	B	C	D	E	F	G	H	I	J	K	L
1	氏名	ストレスに対する弱さ	論理重視	仕事重視	回避的	楽観的	競争的	情緒的	受容性	起業経験	面接の点数	売上(万円)
2	岡島恵子	5	1	2	4	8	3	10	3	0	70	¥2,000
3	山田仁	6	2	6	3	7	4	3	10	0	70	¥3,100
4	赤城武則	7	2	8	8	7	8	3	1	0	40	¥2,300
5	中島由紀子	6	2	9	2	8	1	8	4	1	50	¥4,500
6	花本恵子	3	3	7	4	8	7	3	3	1	90	¥3,100
7	須藤学	3	3	3	8	9	1	5	4	0	50	¥1,800
8	中西輝	4	3	8	4	7	6	7	3	1	70	¥3,600
9	津吹剛	1	3	9	4	8	4	10	5	1	80	¥4,400
10	土屋大志	4	3	2	6	8	9	2	5	0	40	¥1,600
11	花田大治	3	4	5	4	8	7	3	3	1	70	¥2,800
12	皆川俊樹	5	4	2	2	8	8	7	3	0	80	¥3,500
13	原田大作	2	4	7	6	7	7	2	7	0	60	¥2,500
14	水野弥一	3	4	8	8	9	1	5	4	0	60	¥2,000
15	牧口浩二	1	4	7	9	9	4	4	3	1	80	¥4,000
16	河野翔子	3	5	5	3	8	5	8	5	0	60	¥2,000
17	埼京雅美	7	5	7	4	8	10	3	1	1	80	¥3,000

まず、エクセルの「データ」タブから「データ分析」をクリックします（P.135）。

そして、出てきたデータ分析の選択肢の中から「回帰分析」を選択し、「OK」をクリックします。

次に入力Y範囲ですが、Yには求めたいものつまり目的変数を入れるので、今回は売上であるL列を選択します。分析結果がわかりやすくなるように、ラベルのチェックを忘れずにですよね。ラベルをチェックしているので、1行目の「売上」という言葉を選択しても大丈夫です。こちらはラベルとしてエクセルが認識してくれるので、数値データじゃなくても分析が可能、なおかつ分析結果が見やすくなります。

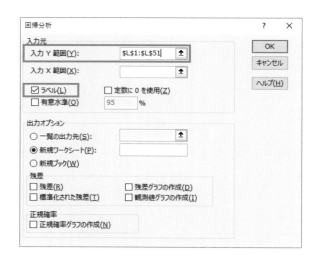

 次に入力X範囲ですが、こちらは説明変数です。今回はストレスに対する弱さ、論理重視、仕事重視、回避的、楽観的、競争的、懐疑的、受容性、起業経験のあるない、面接の点数の10項目を説明変数として利用します。

今回は説明変数のラベルとしてはBのストレスに対する弱さから Kの面接の点数までを選択し、データはラベルを含めて50名分なので、1から51つまりB1からK51までを選択します。そして「OK」をクリックすると…新しいタブが表示されて、結果が得られました！

	A	B	C	D	E	F	G	H	I	J
1	概要									
2										
3	回帰統計									
4	重相関 R	0.7892								
5	重決定 R2	0.6228								
6	補正 R2	0.5260								
7	標準誤差	793.6148								
8	観測数	50.0000								
9										
10	分散分析表									
11		自由度	変動	分散	観測された分散比	有意 F				
12	回帰	10	40550647.8	4055064.78	6.438405196	9.14193E-06				
13	残差	39	24563152.2	629824.415						
14	合計	49	65113800							
15										
16		係数	標準誤差	t	P-値	下限 95%	上限 95%	下限 95.0%	上限 95.0%	
17	切片	1398.10	1359.88	1.03	0.31	-1352.53	4148.72	-1352.53	4148.72	
18	ストレスに対する弱さ	8.91	47.01	0.19	0.85	-86.18	104.01	-86.18	104.01	
19	論理重視	-45.91	53.74	-0.85	0.40	-154.60	62.78	-154.60	62.78	
20	仕事重視	124.95	51.51	2.43	0.02	20.76	229.13	20.76	229.13	
21	回避的	-56.15	58.26	-0.96	0.34	-173.98	61.68	-173.98	61.68	
22	楽観的	-47.76	124.76	-0.38	0.70	-300.10	204.59	-300.10	204.59	
23	競争的	-73.91	45.60	-1.62	0.11	-166.15	18.33	-166.15	18.33	
24	慎終的	-53.64	45.14	-1.19	0.24	-144.95	37.67	-144.95	37.67	
25	受容性	72.06	63.76	1.13	0.27	-56.90	201.02	-56.90	201.02	
26	起業経験	802.33	262.45	3.06	0.00	271.48	1333.17	271.48	1333.17	
27	面接の点数	23.74	7.44	3.19	0.00	8.69	38.79	8.69	38.79	
28										

よいですね。この分析結果が得られた際に、最初に見るべきポイントはどこでしょうか？

重決定R2の値を見ます。今回の結果は0.622です。

その意味はどういうことになりますか？

今回の10個の説明変数は、目的変数の動きを予想した時に62.2%の動きを捉えていると言える、ということになると思います。

そうだね。今回の分析はいい分析と言えるのでしょうか？

決定係数が50%以上なので、曖昧な言い方かもしれませんが「ある程度の結果」という感じでしょうか？

なかなかいい表現だと思います。実際の運用の中では、どの説明変数が目的変数の予測に役に立っているか？　を見ながら説明変数の入れ替えを行ったりします。1つの方法としては、相関のところで説明した相関マトリックスを見て、売上との相関が低い説明変数を除き、他に関係のありそうな変数を入れたりします。

そうなんですか。慣れるためにも、やってみてよいでしょうか？

もちろん。相関の出し方はわかるかな？

エクセルの「データ」タブ→「データ分析」をクリックして、「相関」をクリックですよね？

そうです。ちょっとやってみましょうか。「データ」タブから画面右上のデータ分析のアイコンをクリックして、「相関」を選択します。

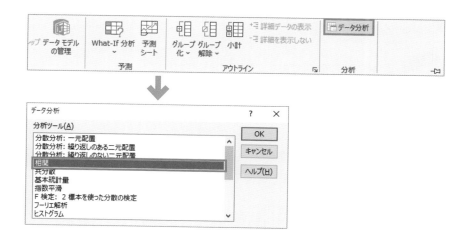

次に「先頭行をラベルとして使用」を選ぶ。そして、データの範囲であるB1:L51を選択する。今回のように縦に同じデータが入っ

ている場合は、データ方向で「列」を選ぶ。

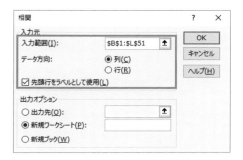

 このように選べたら、「OK」をクリックしてください。

 こんな結果が得られました。

	ストレスに対する弱さ	論理重視	仕事重視	回避的	楽観的	競争的	懐疑的	受容性	起業経験	面接の点数	売上(万円)
ストレスに対する弱さ	1										
論理重視	0.40657168	1									
仕事重視	-0.175154502	-0.14696	1								
回避的	0.026277673	0.00171	-0.00176	1							
楽観的	-0.092638523	-0.05256	-0.11032	0.05818	1						
競争的	0.103510344	0.14916	-0.1685	-0.15936	-0.20384	1					
懐疑的	-0.039742934	0.05336	0.0443	-0.2389	-0.09254	0.00853	1				
受容性	-0.111970275	-0.13349	-0.07241	-0.19092	-0.03581	-0.05481	-0.03255	1			
起業経験	-0.030954795	0.18542	0.34827	-0.02303	-0.07674	0.01475	0.18253	-0.10724	1		
面接の点数	-0.131774852	-0.09023	0.33753	-0.2318	0.1739	0.07291	0.169	-0.13352	0.33864	1	
売上(万円)	-0.15421119	-0.14565	0.5627	-0.1692	0.00706	-0.18181	0.03454	0.05423	0.52697	0.570011164	1

 はい。ここでは目的変数との相関を見ることが重要なので、売上とすべての変数との相関を黄色くハイライトし、小数点の桁数が多いので桁数を修正します。

	ストレスに対する弱さ	論理重視	仕事重視	回避的	楽観的	競争的	懐疑的	受容性	起業経験	面接の点数	売上(万円)
ストレスに対する弱さ	1.000										
論理重視	0.407	1.000									
仕事重視	-0.175	-0.147	1.000								
回避的	0.026	0.002	-0.002	1.000							
楽観的	-0.093	-0.053	-0.110	0.058	1.000						
競争的	0.104	0.149	-0.168	-0.159	-0.204	1.000					
懐疑的	-0.040	0.053	0.044	-0.239	-0.093	0.009	1.000				
受容性	-0.112	-0.133	-0.072	-0.191	-0.036	-0.055	-0.033	1.000			
起業経験	-0.031	0.185	0.348	-0.023	-0.077	0.015	0.183	-0.107	1.000		
面接の点数	-0.132	-0.090	0.338	-0.232	0.174	0.073	0.169	-0.134	0.339	1.000	
売上(万円)	-0.154	-0.146	0.563	-0.169	0.007	-0.182	0.035	0.054	0.527	0.570	1.000

こうして見ると、相関係数がある程度「相関がある」と言える0.4より高い（P.130）のはどの変数になりますか？

仕事重視、起業経験、面接の点数になりますね。

仕事重視	回避的	楽観的	競争的	懐疑的	受容性	起業経験	面接の点数
1.000							
-0.002	1.000						
-0.110	0.058	1.000					
-0.168	-0.159	-0.204	1.000				
0.044	-0.239	-0.093	0.009	1.000			
-0.072	-0.191	-0.036	-0.055	-0.033	1.000		
0.348	-0.023	-0.077	0.015	0.183	-0.107	1.000	
0.338	-0.232	0.174	0.073	0.169	-0.134	0.339	1.000
0.563	-0.169	0.007	-0.182	0.035	0.054	0.527	0.570

では、その値の回帰分析のt値を見てみてください。

お！　上記3つの説明変数のtが、絶対値2を越えてますね。

	係数	標準誤差	t
切片	1398.10	1359.88	1.03
ストレスに対する弱さ	8.91	47.01	0.19
論理重視	-45.91	53.74	-0.85
仕事重視	124.95	51.51	2.43
回避的	-56.15	58.26	-0.96
楽観的	-47.76	124.76	-0.38
競争的	-73.91	45.60	-1.62
懐疑的	-53.64	45.14	-1.19
受容性	72.06	63.76	1.13
起業経験	802.33	262.45	3.06
面接の点数	23.74	7.44	3.19

そうだね。目的変数と説明変数の相関が高ければ、回帰分析で予測するのに役立ちそうという感覚はわかるかな？

確かに。片方が動けばもう片方が同様、ないしは逆に動くというのが相関の関係なので、予測に役立ちやすい変数になりそうですね。

基本的にはその通り。ただし、疑似相関というケースがあるのでその点は注意しないといけない。では山田君、ここで新たに2つの説明変数を追加してみよう。IQテストの点数と学生時代の体育会経験という2つの変数を加えることになったと仮定して、もう一度回帰分析をしてください。

	氏名	ストレスに対する弱さ	論理重視	仕事重視	回避的	楽観的	競争的	懐疑的	受容性	起業経験	面接の点数	IQテストの点数	体育会経験	売上(万円)
2	岡島恵子	5	1	2	4	8	3	10	3	0	70	80	1	¥2,000
3	山田仁	6	2	2	7	7	4	3	10	0	70	40	0	¥3,100
4	赤城武視	7	2	8	8	7	8	3	1	0	40	90	0	¥2,300
5	中島由紀子	6	2	9	2	8	1	8	4	1	50	20	0	¥4,500
6	花本恵子	3	3	7	4	9	7	3	3	1	90	60	0	¥3,100
7	須藤学	3	3	8	8	9	1	5	4	0	50	80	1	¥1,800
8	中西輝	4	3	8	4	7	6	7	3	1	70	40	0	¥3,600
9	津吹剛	1	3	9	4	8	4	10	5	1	80	20	0	¥4,400
10	土屋大志	4	3	2	6	8	9	2	5	0	40	40	1	¥1,600
11	花田大治	3	4	5	4	8	5	3	3	1	70	70	0	¥2,800
12	嶺川俊樹	5	4	2	4	8	7	7	3	0	80	60	0	¥3,500
13	原田大作	2	4	7	6	7	7	2	7	0	60	60	0	¥2,500
14	水野弥一	3	4	8	9	9	1	5	4	0	60	60	1	¥2,000
15	牧口浩二	1	4	8	9	9	4	4	3	1	80	90	0	¥4,000
16	河野陽子	3	5	5	8	8	5	8	5	0	60	60	0	¥2,000
17	柿沼雅美	7	5	7	4	8	10	8	5	1	80	20	1	¥3,000
18	三木義晴	4	5	6	4	6	6	10	4	1	60	60	0	¥2,500
19	山口健斗	2	5	3	6	9	6	5	4	0	40	40	0	¥1,600
20	小山田敏	4	5	10	5	7	7	7	6	1	70	40	1	¥6,000

こちらの結果が出ました。重要になりそうなところを黄色でハイライトしてます。

	A	B	C	D	E	F	G	H	I
1	概要								
2									
3		回帰統計							
4	重相関 R	0.852							
5	重決定 R2	0.726							
6	補正 R2	0.637							
7	標準誤差	694.427							
8	観測数	50.000							
9									
10	分散分析表								
11		自由度	変動	分散	観測された分散比	有意 F			
12	回帰	12	47271347.87	3939278.989	8.168906464	3.34938E-07			
13	残差	37	17842452.13	482228.4361					
14	合計	49	65113800						
15									
16		係数	標準誤差	t	P-値	下限 95%	上限 95%	下限 95.0%	上限 95.0%
17	切片	3006.140	1401.132	2.146	0.039	167.177	5845.102	167.177	5845.102
18	ストレスに対する弱さ	23.879	42.534	0.561	0.578	-62.302	110.060	-62.302	110.060
19	論理重視	-55.988	47.229	-1.185	0.243	-151.682	39.707	-151.682	39.707
20	仕事重視	94.284	46.127	2.044	0.048	0.821	187.746	0.821	187.746
21	回避的	-35.618	51.315	-0.694	0.492	-139.592	68.356	-139.592	68.356
22	楽観的	-23.418	113.171	-0.207	0.837	-252.724	205.887	-252.724	205.887
23	競争的	-44.755	41.377	-1.082	0.286	-128.593	39.083	-128.593	39.083
24	懐疑的	-59.739	39.681	-1.505	0.141	-140.141	20.663	-140.141	20.663
25	受容性	22.600	60.236	0.375	0.710	-99.449	144.650	-99.449	144.650
26	起業経験	452.626	248.018	1.825	0.076	-49.906	955.158	-49.906	955.158
27	面接の点数	15.709	6.873	2.286	0.028	1.784	29.634	1.784	29.634
28	IQテストの点数	-13.023	4.839	-2.691	0.011	-22.829	-3.218	-22.829	-3.218
29	体育会経験	-620.494	243.447	-2.549	0.015	-1113.764	-127.224	-1113.764	-127.224
30									

まず重決定R2はどうなっているかな？

先ほどの分析より0.1程度上がって、0.726になっています。

前にも触れたように、この2つの説明変数を加えたことで目的変数の予測度合いが上がったのか、単純に説明変数の数を増やしたからR2が上がっただけなのかを確認するためには補正R2を見ればよいんだったよね（P.187）。そちらはどうかな？

こちらも以前の分析が0.526だったのに対して、0.637となり0.1程度上がってますね。

その通り。補正R2も0.1増えたということは、単に変数を加えたからR2が増えたのではないことを意味しています。つまり、IQテストの点数と学生時代の体育会経験という2つの説明変数は、きちんと目的変数の予測に役立っていると言えます。それじゃあ、重決定R2を使って、今回の重回帰分析を評価してください。

はい。今回は、売上を目的変数、ストレスに対する弱さ、論理重視、仕事重視、回避的、楽観的、競争的、懐疑的、受容性、起業経験、面接の点数、さらにIQテストの点数、体育会経験を説明変数として、重回帰分析を行いました。重決定R2が0.726だったので、今回の説明変数は目的変数の動きを72.6%程度予測していると言うことができます。

その通りです。で？

次に、t値を見ていきます。切片のt値は見なくてもOKとします。それ以外の説明変数のt値を見ていくと、絶対値が2以上になる説明変数は、仕事重視、面接の点数、IQテストの点数、体育会経験

の4つになります。

 山田君、私が次に聞こうとしていることが予想できるようになってきてるね。素晴らしいです。では、その次に見るべきポイントは？

 えっと…係数を見ますね。

 例えば、仕事重視の数値が1増えると将来の売上の予測はいくつ増えると言えますか？

 仕事重視の係数は94.284なので、94.284万円ですね。

 その通り。詳しく説明すると、面接の点数の係数は15.709なので、面接の点数が1点増えると売上の予測は15.709万円増える。IQテストの点数の係数は-13.203なので、IQテストの点数が1点増えると売上の予測は13.203万円減る。体育会経験の係数は-620.494なので、体育会経験があると売上の予測は620.494万円減るという関係にあるということを、分析の結果は意味しています。

重回帰分析の結果からモデルを作ろう

 では、我々のチームが求めたかったモデルの数式を作成してください。

 はい。

モデルの数式は、

売上予測値（≒活躍の要素）＝仕事重視の点数＊94.284＋面接の点数＊15.709＋IQテストの点数＊(-13.203)＋体育会経験のあるなし＊(-620.494)＋3006.14

となります。

 よーし、おっけー。では、弊社のトップセールスである山田さんの入社時のデータを、この式に代入してみよう。

仕事重視：10
面接の点数：80
IQテストの点数：10
体育会経験：あり

 はい。

売上予測値＝10＊94.283＋80＊15.709＋10＊(-13.023)＋1(ある)＊(-620.494)＋3006.14＝4454.97万円

になりました。

 エクセルシートの結果と見比べてみてどうかな？

 トップの人は6000万円という結果になっているので、数値がモデルとぴったり同じになっているわけではないですが、売上データの平均が2518万円、中央値が2250万円なので、山田さんはある程度成績がよい人になりそうだという予測は、このモデルの結果から読み取れるのではないかなと思います。

そうだね。もちろん、実際の現場ではさらに説明変数を入れ替えたりして、予測モデルの精度を高めていくことをやったりする。また、この50名のデータを例えば40名と10名に分けて40名のデータでモデルを作り、残りの10名のデータを代入して検証するなどの作業を行ってモデルの精度を確認したりするよ。

ただ、将来の人間を予測するということは、感覚的にも今回利用したデータ以外のさまざまな変数が存在しそうに思う。そういった判断も合わせて、このモデルはいったん分析結果として報告しつつ、このモデルで中央値以下の数値が出てしまう人は営業ではない部署の初期配属を考えるなどの人事判断に使ってもらうことを、提案に入れましょう。またここではやりませんが、今回の分析で残った4つの説明変数だけを使い、売上を目的変数として再度回帰分析を行い、その係数を使った数式を最終的なモデルとすることも多いです。覚えておいてください。

はい！

（3日後）

役員向けのプレゼンを行ったのは、山田君の同期ではじめてらしいね。若手期待の星じゃない！　やってみてどうだった？

そんなそんな。部長のサポートでお話しさせていただいただけです。めちゃくちゃ緊張しましたが、みなさん興味を持って聞いてくださって本当によかったです。

役員の1人から「山田君は大学で統計を専攻していたの？」と聞かれて、「専攻してないです。しかもバリバリの体育会系です」って言ったらぶったまげてたよ。特に人事関連は、データがきちん

213

と取得しづらいとかいろいろな問題があって分析はなかなか難しいけど、これで採用のミスマッチがなくなったら弊社にとって素晴らしいことだし、同時に応募者さんにとってもよいことだよね。

そうなんですよ。私もデータ分析のチームに配属と言われた時は、自分に特性があるのか不安でしたが、今ではマッチしたチームに来られて本当によかったなと思います。

その瞬間、山田君の脳裏にある考えがよぎった。もしかして、自分がデータ分析に向いているかどうか部長は分析して配属を行ったんじゃないだろうか？

部長、もしかして私の配属も分析していたりしませんかね？　そんなにたくさんのデータがあるわけではないので無理ですかね…。

さてどうだろうね？　ところで、次はマーケティング部から収益予測の分析のお題が来ているよ。マーケの部長はめちゃくちゃ要求が厳しいからね。がんばりましょう。

分散分析表

回帰分析の結果を説明する際に説明を省略していた部分があります。それが分散分析表です。ダウンロードできるサンプルファイル内にある、「分散分析表検証シート」のデータをご覧ください。そちらのデータを見ながら、分散分析表について考えていきましょう。

氏名	ストレスに対する弱さ	論理重視	仕事重視	回避的	楽観的	競争的	懐疑的	受容性	記録経験	面接の点数	売上(万円)	
原田大作	2	4	7	6	7	7	2	7	0	60	¥2,500	
水野弥一	3	4	8	8	9	1	5	4	0	60	¥2,000	
牧口浩二	1	4	7	9	4	4	4	3	1	80	¥4,000	
河野裕子	3	5	5	3	8	5	8	5	0	60	¥2,000	
梅沢雅美	7	5	7	4	8	10	8	5	1	80	¥3,000	
三木義晴	2	5	9	9	6	6	10	4	0	60	¥2,500	
山口健斗	2	5	3	6	6	6	10	4	0	40	¥6,000	
小山田敏	4	5	10	5	7	7	7	6	1	70	¥1,800	
仁川修二	9	5	3	6	7	4	5	7	0	40	¥1,600	
竹原あんな	1	5	3	6	7	4	5	7	0	40	¥1,300	
瀬川秀樹	4	5	4	6	8	9	2	5	0	70	¥3,100	
山田C	6	2	6	3	7	4	3	10	0	40	¥2,300	
赤城武則	7	2	8	8	7	8	3	5	1	50	¥4,500	
中島由紀子	6	2	9	2	8	1	8	4	1	90	¥3,100	
花本恵子	3	3	7	4	8	7	4	5	0	50	¥1,800	
須藤孝	3	3	6	6	9	1	5	4	0	70	¥3,600	
中西輝	4	3	8	4	7	6	7	3	1	70	¥4,400	
津吹剛	1	3	9	5	4	10	5	1	0	80	¥1,600	
土屋大志	3	3	5	4	8	2	3	5	0	40	¥2,800	
花田大治	3	4	4	8	7	7	3	3	1	70	¥2,500	
原田大作	2	4	7	6	7	7	2	7	0	60	¥2,500	
水野弥一	3	4	8	8	9	1	5	4	0	60	¥2,000	
牧口浩二	1	4	7	9	4	4	4	3	1	80	¥4,000	
河野裕子	3	5	5	3	8	5	8	5	0	60	¥2,000	

まず分散分析表が何を分析しているか？　に関してですが、これを統計用語で説明すると

「母重相関係数が0であるという帰無仮説を検定している」

ということになります。本書では統計が嫌いにならないように、こうした「帰無仮説」という言葉をなるべく使わずに進めてきました。これを噛み砕いて言うと、重決定R2の元になっている重相関がゼロ、つまり回帰分析したところでまったく関係がないという結果になってないかをチェックしている、と考えてもらえればよいでしょう。

回帰分析の結果を見る際に、まず重決定R2の値をチェックしましたが

（P.183）、このR2は重相関を2乗した値になっています。つまり、説明変数の動きが目的変数の動きをまったく説明していない可能性がどれくらいあるかをチェック（≒検定）することで、分析全体に意味があるかどうかをチェックしているのです。

最初に、分散分析検証シートのデータ、上位20名の売上を目的変数にして、エクセルで回帰分析してみてください。すると、次のような結果になります。

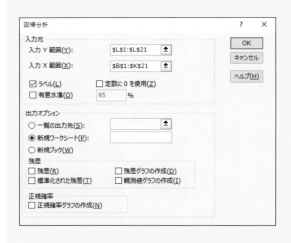

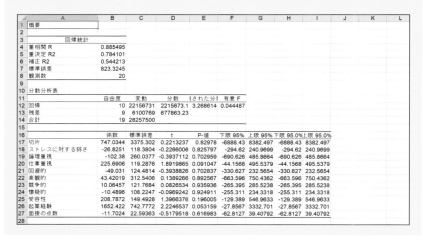

分散分析表を確認する上で最初にチェックが必要になるのは、「有意F」の数値です。この数値が「母重相関が0であるという帰無仮説の検定結果」つまり、「説明変数（複数の場合もある）と目的変数の間になんの関係もない可能性がどれくらいあるか？」を表しています。

今回の結果は「有意F」が0.0445と4.5%程度なので、5%を閾値とすることが多い統計の有意さの検定においては母相関が0になる「可能性が高いことはない」、つまり「説明変数と目的変数は関係している可能性が十分に高い」と考えます。

次に、40名分のデータを使ってみましょう。ただし、実はこの40名分のデータは最初の20名をコピペして2倍しただけのデータになります。

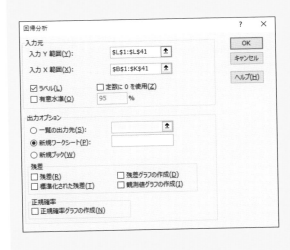

	A	B	C	D	E	F	G	H	I
概要									
	回帰統計								
重相関 R	0.88549								
重決定 R2	0.7841								
補正 R2	0.70965								
標準誤差	648.647								
観測数	40								
分散分析表									
	自由度	変動	分散	観測された分散比	有意 F				
回帰	10	4.4E+07	4431346	10.5322	3.1E-07				
残差	29	1.2E+07	420743						
合計	39	5.7E+07							

	係数	標準誤差	t	P-値	下限 95%	上限 95%	下限 95.0%	上限 95.0%
切片	747.034	1880.33	0.39729	0.69406	-3098.68	4592.75	-3098.68	4592.75
ストレスに対する弱さ	-26.8251	65.948	-0.40676	0.68717	-161.704	108.054	-161.704	108.054
論理重視	-102.38	144.863	-0.70673	0.48537	-398.659	193.899	-398.659	193.899
仕事重視	225.691	66.4535	3.39622	0.002	89.778	361.603	89.778	361.603
回避的	-49.031	69.3468	-0.70704	0.48518	-190.861	92.7991	-190.861	92.7991
楽観的	43.4202	174.112	0.24938	0.80482	-312.679	399.519	-312.679	399.519
競争的	10.0646	67.8355	0.14837	0.88308	-128.675	148.804	-128.675	148.804
慎重的	-10.4896	60.2905	-0.17398	0.86309	-133.797	112.818	-133.797	112.818
受容性	208.787	83.2803	2.50704	0.01803	38.4598	379.115	38.4598	379.115
起業経験	1652.42	413.791	3.99338	0.00041	806.125	2498.72	806.125	2498.72
面接の点数	-11.7024	12.5866	-0.92975	0.36017	-37.4449	14.0401	-37.4449	14.0401

得られた結果は上記になり、「有意F」の水準は非常に小さい数になる一方、「重決定R2」の値は変わらないという結果が得られます。つまり分散分析表の検定は、データがある程度の数（数十）になれば有意な結果が得られることが多いので、あまり気にしなくてよいということがわかります。実際は「重決定R2」が0.3台でも、データ数によっては「有意F」が5%を下回ることはあります。もちろん手持ちのデータが10程度しかない場合は別ですが、数十の単位であればあまり気にしなくても大丈夫としたのは、このような背景があるためです。

column

分析結果が狂う時
～回帰分析における多重共線性

本書で取り上げた通り、重回帰分析は説明変数と目的変数を準備できれば分析可能で、変数どうしの相関なども加味してくれる、非常にパワフルな分析方法です。また、説明変数の数に制限はあるものの（2021年10月現在）、エクセルを使った分析が可能で、筆者もよく行う分析です。

しかし、重回帰分析を行う上で注意したいことがあります。それが多重共線性（マルチコ）です。

多重共線性は、説明変数どうしで相関の強い説明変数やまったくの逆相関になる説明変数を回帰分析に入れると、分析結果が狂うというものです。例えば第4章で出てきた電気消費量とシェイクの売上のように、互いに相関の高い変数を説明変数として目的変数を予測するような回帰分析を行った場合や、「晴れ」と「晴れでない」（2つの変数は相関係数-1になる、つまり晴れの日は必ず晴れでないことはないし、晴れの日でなければ必ず晴れでない）のような変数を説明変数に入れた場合です。

本書P.206でも取り上げたように、回帰分析を行う場合は、説明変数どうしの相関をマトリックスを作って調べるなど、上記に該当するようなケースはないかを確認することが重要です。

第5章まとめ

- ☑ 回帰分析によって、説明変数から目的変数を予測するモデルを作ることができる
- ☑ 説明変数が1つの場合は単回帰分析、説明変数が複数の場合は重回帰分析となり、想定されるいくつかの要因が、予想した数値に対してどれくらいの確からしさで、どれくらいの影響を与えているかがわかるようになる
- ☑ 今回は、採用した人の入社時にとったデータと、その人の売上という営業成績との関係を中心に見ていったが、お客さんのデータと利益率の関係を見る場合や、各店舗のデータとそれぞれのお店の売上の関係を見る場合なども、基本は同じ考え方
- ☑ 検証したい課題と、それを説明する可能性がある要素の関係を分析できるのが回帰分析である

著者表より読者の皆様へご挨拶

　最後まで読んでくださり、本当にありがとうございます。

　この本は部長と山田君の対話を通じて、読者の皆さんが明日からでも分析してみたくなるということを第一に考えて書きました。

　さらに言うと、「分析をしなければいけないのかもな」と不安に感じられている

　「統計のプロになるわけではないが分析に関してまずは知識や勉強のきっかけをつかみたい」

　という人に向けて書きました。

　私自身、統計の講義を延べ1,500名以上の方にお話ししていく中で、逆にたくさんのことを教えていただきました。本書には、その過程で考えた、考えさせられた内容を込めたつもりです。統計を専門に勉強したわけではないけれど、普段からデータを使って意思決定をしている私が書くからには、

- とにかくわかりやすく。ただし、実際に使うときには自信を持って決定できる程度の内容まで伝える
- どのような理解をしておけば分析結果にだまされないかを伝える

　という点に気をつけました。

　山田君のモデルは、入社したばかりの不安の中、どうやって勉強したらよいか悩みまくっていた過去の私自身であり、「統計のプロになるわけではないが分析に関してまずは知識や勉強のきっかけをつかみたい」という、これもまた他でもない新卒入社直後の10数年前の私自身が持っていた想いです。

　アメリカのビジネススクールに留学した際、統計基礎の講義は必修科目で、

一番最初の学期に受講する科目でした。世界のビジネスにおいて、統計の基礎知識は必須という時代になってきています。留学中の、「カジノのディーラーの八百長」を題材にしたら統計が面白くなってきた！　という原体験をきっかけに、私は変わりました。本書が少しでも統計を好きになり、皆さんが学ぶきっかけとなればとても嬉しいです。そして少し大袈裟ですが、個人として日本のデータ分析力の底上げに貢献したいと思っています。

　この本を執筆するきっかけを与えてくれたストリートアカデミーでは、統計の基礎やデータ分析の講義などを不定期で行っております。

https://www.street-academy.com/steachers/61809

　よろしければ覗いてみてください。講義に参加してくださった方で作っているコミュニティの皆さんの質問の蓄積や温かいメッセージが、この本を書く際にはとても大きな応援となりました。

　また、私は普段はミツカリ適性検査という性格データを取得するツールの開発販売を行っており、人事データ分析のど真ん中で仕事をしています。組織のミスマッチや人と人のコミュニケーション、人事のデータ活用にお困りの方は、「ミツカリ適性検査」で検索いただきご連絡いただけたら嬉しいです。

https://mitsucari.com/

　お忙しい中、文面のチェックや貴重なアドバイスをくださった高橋建人さん、村山雅彦さん、本を執筆するきっかけをくださったストリートアカデミー株式会社代表の藤本崇さん、Rubato代表の松上純一郎さん、優しく貴重で時に鋭いコメントで内容を整理し併走し続けてくれた技術評論社の大和田洋平さん、株式会社ミツカリのお客様と社員の皆さんの支えで、なんとか本にすることができました。本当にありがとうございます。

　そして週末執筆で遊ぶ時間が減ったのに応援してくれた、大好きな4人の子供と妻へ、いつもありがとう。

索引

223

● 著者プロフィール

表　孝憲（おもて　たかのり）

1981年生まれ。京都大学法学部卒業。UC Berkeley Haas School of Business修了。
株式会社ミツカリ代表取締役社長CEO。
普段は会社経営、ミツカリ適性検査の開発販売を行い、顧客に対して人事データ分析やセミナーを行う。
また自分自身が統計や分析を理解するのに苦労した経験を生かし「教えることで自分が一番教わる」をモットーに登壇多数。ストリートアカデミーや大学院などで週末を中心に一緒に学んだ講義の受講者は1,500名を越える。4児の父。
東京医科歯科大学非常勤講師、高知大学医学部非常勤講師
twitter @takanori52

● 協力：
高橋建人
村山雅彦

● カバー・本文デザイン：
藤塚尚子（e to kumi）

● イラスト：ヤギワタル

● レイアウト：
技術評論社制作業務部

● 編集：大和田洋平

● 技術評論社 Web ページ：
https://book.gihyo.jp/116

■ お問い合わせについて

本書の内容に関するご質問は、下記の宛先までFAXまたは書面にてお送りください。なお、電話によるご質問、および本書に記載されている内容以外の事柄に関するご質問にはお答えできかねます。あらかじめご了承ください。

〒162-0846　東京都新宿区市谷左内町21-13
株式会社技術評論社　書籍編集部　「ゴリラ部長が教えてくれた統計の「超」入門」質問係
FAX番号　03-3513-6167

なお、ご質問の際に記載いただいた個人情報は、ご質問の返答以外の目的には使用いたしません。また、ご質問の返答後は速やかに破棄させていただきます。

ゴリラ部長が教えてくれた統計の「超」入門

2021年12月14日　初版　第1刷発行

著　者　　表　孝憲（おもて　たかのり）
発行者　　片岡　巌
発行所　　株式会社技術評論社
　　　　　東京都新宿区市谷左内町21-13
　　　　　電話　03-3513-6150　販売促進部
　　　　　　　　03-3513-6160　書籍編集部
印刷／製本　日経印刷株式会社

定価はカバーに表示してあります。
本書の一部または全部を著作権法の定める範囲を越え、無断で複写、複製、転載、テープ化、ファイルに落とすことを禁じます。
©2021　表孝憲
造本には細心の注意を払っておりますが、万一、乱丁（ページの乱れ）や落丁（ページの抜け）がございましたら、小社販売促進部までお送りください。送料小社負担にてお取り替えいたします。
ISBN978-4-297-12485-4 C0033　Printed in Japan